Be Human by Wisdom

Thick Black Theory is a philosophical treatise written by Li Zongwu, a disgruntled politician and scholar born at the end of Qing dynasty. It was published in China in 1911, the year of the Xinhai revolution, when the Qing dynasty was overthrown.

Be Human by Wisdom

做人要有心機

多一點心眼，才會多一分勝算

做事要有心計

待人處事篇

莎士比亞曾經如此說道：

「才華智慧如不用於有用的地方，便和庸碌平凡毫無差別。造物者是個精於計算的女神，她把給予世人的每一份才智，都要受賜的人感恩，善加利用。」

其實，每個人的心頭都潛藏著一些心機，例如阿諛奉承、過河拆橋、見縫插針以及如何利用別人對自己的
等等，做人有些心計並不是什麼壞事，關鍵就在於如何將心機用在最恰當的時機。

Thick Black Theory is a philosophical treatise written by Li Zongwu, a disgruntled politician and scholar born at the end of Qing dynasty. It was published in China in 1911, the year of the Xinhai revolution, when the Qing dynasty was overthrown.

公孫先生

【出版序】

做人要有心機，做事要有心計

•公孫先生

不管做什麼事，一定要講究策略和技巧。如果你不願花點心思想想，非但無法順利達成目的，還會陷入各種無法預知的陷阱和困境之中。

出眾的才能，在許多人的眼中就有如閃亮的寶石，經常是價值連城的珍寶。

不過，在這個世界上，也有許多很難用來換取實際利益的才能，究竟該如何利用它們，就得靠我們的聰明才智了。

英國作家赫胥黎曾經寫道：「人生最大的悲哀，就是純真的想法，往往被醜陋的事實扼殺。」

一個再有能力的人，也要具備一些心機，更要懂得把心機發揮在可以勝出的地方，如果你不具備一些城府，說好聽一點的是「單純天眞」，說難聽一點的就是「愚蠢無知」。

空有滿腹才華卻恃才傲物，讓自己寸步難行，或是不知如何運用智慧，讓才華發揮最大功效，最後都會成爲失敗者。

十六世紀初，有很多科學家都面臨著生活艱難的處境，義大利天文學家及數學家伽利略也不例外。

有時候，他會把自己的發現和發明當作禮物送給當時最重要的贊助者，從他們那裡得到資助從事研究。然而，不管發現多麼偉大，這些贊助人通常都是送他禮物，而不是贈與現金，因此他常常沒有安定的生活。

一六一〇年，他發現了木星周圍的四顆衛星。這一次，伽利略經過一番深思，把這個發現早獻給麥迪西家族。

他在寇西默二世登基的同時宣佈，從望遠鏡中看見一顆明亮的星星——木星出現在夜空中。

伽利略表示，木星的衛星有四顆，代表了寇西默二世和其三個兄弟；而衛星環繞木星運行，就如同這四名兒子圍繞著王朝的創建者寇西默一世一樣。

將這項發現呈獻給麥迪西家族之後，伽利略委託他人製作一枚徽章——天神邱比特坐在雲端之上，四顆星星圍繞著他。伽利略將這枚徽章獻給寇西默二世，象徵他和天上所有星星的關係。

同年，寇西默二世任命伽利略為宮廷哲學家和數學家，並給予全薪。對一名科學家而言，這是伽利略人生中最輝煌的歲月，四處乞求贊助的日子終於成為了歷史。

多花點心思，往往會讓自己找到更寬闊的出路。

在這個人人都想出人頭地的社會，掌握「做人靠智慧，做事靠謀略」法則，無疑是脫穎而出的先決條件。

用現代的眼光來看，伽利略的確是一名出色的科學家與天文學家，不但值得得到社會的敬重，本身所擁有的知識也是價值非凡的。

不過，在十七世紀的歐洲，人們還不明白科學的重要性，不知道伽利略的才能足以爲世界帶來什麼樣的貢獻，因此，伽利略除了在科學上不斷努力之外，還必須想辦法用他的才能換取繼續研究的資金與動力。

許多有天分的人常常會恃才傲物，對於爲人處世、進對應退，絲毫不懂得多加學習及運用，也因此常常過著孤寂窮困的生活。

這樣一來，其實最後吃虧的還是自己，因爲沒有穩定的生活與從事研究或藝術工作所需的資金，多數人的才能就在「求生存和求溫飽」當中消磨殆盡，以至於無法盼到才華發光發熱的那一天。

不管做什麼事，一定要講究策略和技巧。如果你不願花點心思想想，老是直來直往，非但無法順利達成目的，還會陷入各種無法預知的陷阱和困境之中，使自己的人生充滿危機。

01. 有效的分化，會讓敵人自相殘殺

想要瓦解強敵的勢力，最有效的辦法就是挑起他們的猜忌，讓他們自行分化、自相殘殺。

02. 耍一點技巧，更快達成目標

生活中有各種面向，不是所有正面的理論都是好的，也不是所有的反面就不合乎人道，懂得圓融運用的人，才能為自己創造更好的未來。

03.

不敢動手，就會把機會讓給對手

競爭的致勝之道是，比競爭對手動作更快，而不是努力築起城牆堡壘來防堵對手入侵。不敢動手，就等於把機會讓給對手。

04.

活用別人的智慧，為自己創造機會

如果沒有用人之術，縱使心力交瘁也不會得到好的效果。
善於運用他人智慧，才是一個領導者的成功要訣。

05. 不要曝露自己的秘密武器

一個人如果過於直白，實際是自我暴露，是把自己的一切翻出來給你的對手看，使你的對手在未來的爭鬥中一槍便打準你的要害。

06. 別戴著有色眼鏡看人性

人性其實很簡單，你付出什麼，就會得到什麼。將「人性」複雜化，或者戴著有色的眼鏡去看「人性」，只會讓你得出負面的分析結果。

07. 活用戰術，創造自己的優勢

如果你單單依恃先天條件或是前人庇蔭，不再努力增進自己的實力，原有的優勢反而會成為前進的阻礙。

08. 懂得腳踏雙船最安全

如果你同時與兩位上司共事，而這兩位上司之間情若冰炭，勢同水火，你就不得不考慮「腳踏兩條船」的技術性問題。

09.

言之有理，方能達成說服的目的

所謂「上兵伐謀」，首先就是要靠智謀破壞敵人的計劃，若戰略能夠掌握得當，便可不費一兵一卒就達到目的。

10. 活用戰術才能出奇制勝

真正稱得上戰略高手的，不是那些飽讀兵書，只會紙上談兵的人，而是那些不拘泥兵法陣圖，懂得根據實際情勢靈活運用戰術的人。

11. 設法把對手變成自己的盟友

想要使難纏的對手成為自己的盟友，摸清他們的習性，然後在他們面前說出有用的語言，無疑是相當重要的。

12. 讓自己的晉升之路暢通無阻

遭遇棘手的事情，處理時越要講求策略、講求方法，儘量調停各方面的緊張對峙關係，力求各方面都對處理的結果都感到滿意。

01

有效的分化，會讓敵人自相殘殺

想要瓦解強敵的勢力，
最有效的辦法就是挑起他們的猜忌，
讓他們自行分化、自相殘殺。

不說假話，辦不成大事？

只要不是有違道德良心的欺騙，即使有心說謊，也能成為善意的謊言與欺瞞，不僅能讓事情圓滿解決，更有助於雙方互動得更加融洽。

深諳厚黑權謀的人都相信一個定律：「不說假話無法成就大事。」滿嘴假話當然不對，最後也會因而人格破產，但是在某些關鍵時刻，卻不得不說說假話，幫助自己達成目的或渡過難關。

在某些哲學家的眼裡，善意的謊言有時也是必要的，像柏拉圖在《理想國》裡就描寫，兵士對敵人，醫生對病人或官員對人民，都會應用一些哄騙的方法，以達到他們既定的目標。

自古至今，不少人的高官顯位並非來自眞才實學，許多都是透過一些手段所騙來的，唐朝大將史思明的升遷便是一例。史思明本是突厥人，原名窣干，然而卻憑著一連串的謊話，一躍成爲唐朝的大將軍。

唐玄宗開元年間，窣干因欠債走投無路，不小心闖進了邊疆的奚族區，由於奚族人非常排外，因此他被捉住後，便立即要面對死亡的威脅。

不過，窣干這時卻裝出一本正經的模樣說：「我是大唐派來與奚王和親的使者，你們殺了我，恐怕會惹來滅族大禍啊！」

奚王見他說話之時神情鎮定，還眞的相信他是大唐派來的使者，便立即將他鬆綁，並以貴賓禮節接待。

由於奚王畏懼唐朝的勢力，便決定派一百人跟隨窣干去拜見唐朝皇帝。

窣干對奚王說：「你派去的人雖然不少，但我看都是淺薄之徒，這樣的人怎能去見大唐皇帝呢？聽說，你手下有一個才華超群的瑣高，爲何不讓他去呢？」

奚王聽了之後，覺得很有道理，便讓麾下頭號大將瑣高和他手下三百人，跟隨著窣干前去朝拜唐明皇。

一行人快走到平盧時，罕干先派人去誆騙平盧守將說：「奚族人派瑣高和精銳將士一起來了，他們嘴上說是去朝拜大唐天子，實際是來偷襲平盧，你要先做好準備，並立即解決他們。」

平盧守將信以爲眞，便在奚人進入平盧前，就將瑣高手下的三百人全都殺了，只留下將領瑣高。罕干便把瑣高捆綁，親自押送他到幽州節度使張守圭那裡。

張守圭見瑣高被捉了非常高興，認定罕干爲唐朝立下大功，便寫了個奏摺，大大地稱讚罕干。

罕干因此官運亨通，先當果毅後升將軍，唐玄宗還賜給他史思明這個漢名。

做人要有心機，做事要有心計

或許有人會質疑，像史思明如此卑鄙手段，未免太不厚道，以欺騙手段獲得的成就，似乎頗令人不齒。

但是，我們不妨跳脫道德準則，換個角度來思考，厚不厚道，在不同時期有著不同的標準，我們無須對其中的對錯加以評判，如果適當的欺瞞是爲了保護自己生存下去的權宜之計，又有什麼不可以？

適當的欺騙，主要的用意是將自己的目的和意圖深藏起來，使對方一時無法發現而麻痺大意，或者假借幌子使對方無從辨認眞僞，如此一來，自己才有更充裕的時間，從容完成原定的計劃。

事實上，只要不是爲了一己的私利，而做出有違道德良心的欺騙，即使有心說謊，也能成爲善意的謊言與欺瞞，那不僅能讓事情更加圓滿解決，更有助於雙方互動得更加融洽。

對你好的人不一定都是真心的

適度的提防他人，並保持一定的交往距離，反而能讓我們有更好的人際互動，也更能保護我們自己，不至於誤入人們笑裡藏刀的陷阱中。

人與人之間的交往是很奧妙的，充滿了糾葛，也充滿了機巧。

單單以掩飾情緒爲例，有人懂得用哭來發洩鬱悶，或博取同情，有人則懂得用笑來突破別人心防。

鄭袖是楚懷王的夫人，長得漂亮又聰明機智，深得楚王的寵愛，但好景不長，不久魏王送來了一位美人，很快便把楚王迷得團團轉。

鄭袖對此非常傷心，但即將被打入冷宮的她，表面上卻裝得若無其事，既不向楚王抱怨，反而對新妃嬪熱情對待。

很快地，鄭妃便與新妃結成姐妹，兩個人情同知己，彼此之間什麼秘密都沒有。一點心防都沒有的新夫人，常對鄭妃說：「姐姐，非常感激妳對我這麼好。」

鄭妃則虛情假意地說：「這沒什麼，姐妹共事一個丈夫，本來就應該不分彼此，再說丈夫身爲君王，日理萬機，我們更應該多加體貼他，如果我們不能把後宮處理和諧，那不是更爲夫君增添麻煩嗎？妹妹，看見妳能讓君王如此快樂，我其實也相當開心，我應該感激妳才對啊！」

新妃聽了這番話，感動地說：「姐姐言重了，妹妹實在擔當不起，還請姐姐多多給予教訓，教導我如何讓丈夫更加快樂！」

鄭妃笑著說：「不必客氣，只要我們和睦相處，我們的丈夫自然就會快樂。」

楚王見這對如花似玉的夫人相處得這麼好，心裡也十分高興，說道：「女人大多憑美貌來博取丈夫歡心，而且各自較勁。但夫人卻不會如此，反而能體貼、體諒我，實在太好了。」

鄭妃聽見道楚王的讚許與信任，知道計謀得逞，便開始進行她的下一步計劃。

有一天，和新妃閒談之時，鄭妃便對她說：「妹妹，大王經常在我面前說妳又漂亮又聰明，只是有一件事，大王似乎對妳的塌鼻子有點意見。」

新妃一聽，著急地問：「那怎麼辦，姐姐？」

鄭妃若無其事地回答說：「這也沒有什麼，以後妳見到大王時，只要把鼻尖輕輕地掩一掩不就行了？」

新妃認爲這個辦法很好，從此見到楚王，便會就把鼻子掩起來。

幾次之後，楚王對這個舉動感到奇怪，卻又不好當面質問，便找來鄭妃問話：「爲什麼新妃每次見到我時，就把鼻子掩起來呢？」

鄭妃一聽，故意支吾地說：「我……我聽她說，但……」

楚王見她欲言又止，有點動怒，便說：「妳說吧，夫妻之間還有什麼不可以直說的？就算說錯了，我也不會怪妳。」

鄭妃連忙裝出害怕的模樣，低聲道：「她說，您身上有一股噁心的臭味。」

楚王一聽，生氣地拍了桌面一下，怒斥道：「胡說！我身上哪有什麼異味啊？她居然敢埋怨我？眞是豈有此理！」

忽然，楚王大吼一聲：「來人啊，把那個賤人的鼻子割下來。」

可憐的新妃就這麼莫名地毀去了美麗容貌，至死還不知道是好姐妹鄭妃害的。

做人要有心機，做事要有心計

林肯曾經說過：「假如你要別人全盤接受你的意見，就必須想辦法設法使他相信你是他的忠實朋友。」

鄭妃的虛情假意、口是心非，無疑是現實社會的厚黑通例。

當新妃被最信任的人害死時，相信許多人也清楚地看見，會傷害我們的人，往往是我們最不會去防備的人。

明槍易躲，暗箭難防，適度提防他人，並保持一定的交往距離，反而能讓我們有更好的人際互動，也更能保護我們自己，不至於讓自己一再地錯估形勢，一再地誤入人們笑裡藏刀的陷阱中。

時機不對，要懂得急流勇退

不要自認為眼前的一切都是你應得的成果，當你發現時機不對時，便要懂得急流勇退的道理，才不致於落得兔死狗烹的悲慘下場。

從許多歷史典故和現實社會的案例，我們不難見到，有很多人一旦深信對方是自己的忠實朋友之後，就會死心塌地，即便到最後被人出賣了，還是不明白自己是一個「識人不明」的呆瓜，甚至還會站在對方的立場爲對方辯護。

楚漢相爭之際，劉邦不知拍了多少次胸脯，說了多少好話，以換得蕭何、韓信等人的相助，終於創立他的劉家王朝。

不過，當他的基業已定，權力穩固之後，曾經爲他出生入死的功臣們，卻一個個成爲他的眼中釘、肉中刺。

第一個被劉邦處決的，便是爲他冒生死掃蕩群雄的韓信，隨後劉邦公開大誅功臣，斬彭越爲肉醬，殺英布於九江，囚禁蕭何，而張良則因有先見之明，及時辭官歸隱，才免了一場災難。

和劉邦一樣出身平民的朱元璋也是如此，在他登基後，當年幫他打江山的功臣，不分文武都因爲細故而被殺害。

宋太祖趙匡胤則比較仁慈一些，君臨天下之後，藉著「杯酒釋兵權」之舉，讓他不流一滴血便達到目的。

爲了保住自己的權勢地位，趙匡胤特別宴請石守信、王憲琦、高懷德等禁軍將領，正當酒酣耳熱之際，趙匡胤忽然嘆了口氣說：「今天我們大家高高興興地在一起飲酒作樂，但誰又知將來還有沒有這種機會？」

石守信覺得奇怪，便問這番話的意思，趙匡胤回答說：「唉！你們不知道做皇帝的苦處了，整日提心吊膽，寢食不安，隨時都要擔心有人會來奪取帝位，這種憂慮是你們無法了解的。」

石守信說：「現今天下大勢已定，難道還有誰敢圖謀不軌，自尋死路嗎？」

趙匡胤奸笑一聲說：「我很相信你們對我的忠誠，可是，萬一你們的部下貪圖富貴，硬要擁戴你們做皇帝，一旦黃袍加身，就由不得你們自己了。」

這一番話語氣很平常，但每個人聽來卻如撼天巨雷，個個倉皇失色，不約而同地跪下，向趙匡胤叩頭請示：「臣等太過愚蠢了，不知怎樣才好，但我們自問忠心耿耿，從無越軌行爲，陛下可否看在多年追隨的份上，指示臣等今後應走的路，臣等敢保證更加聽從陛下的話，遵照陛下的指示去辦事。」

趙匡胤看見這般情形，滿心歡喜地說：「人生就如白駒過隙一樣，幾十年光陰，轉眼就過去了，就算說爲國家建功立業，各位不都功成名就了嗎？總算不負此生，今後歲月，只要能安享富貴，平平靜靜過日子，那就是最好不過的事！」

說到這裡，他又故意說：「唉，我已坐在這個位子上無法脫身了，一樁樁的外事內務日日相逼，做也做不完，只是怕失天下臣民之望，只好硬著頭皮做，當然，這其中的辛苦，外人是無法了解的。」

趙匡胤接著說：「各位辛苦了那麼久，現在正是可以享福的時候了，所以，各位不如把公事統統放下，什麼都不要管，過著與世無爭的寧靜生活，我會賜予一筆豐厚養老金，讓各位安享晚年。」

將領們聽了這番話，深知弦外之音，心裡雖有一萬個不願意，但在此時此地也只能三呼萬歲，叩頭謝恩，而趙匡胤也輕鬆地拿回兵權。

做人要有心機，做事要有心計

貪權慕勢的人，未發跡之前，人都能與部屬、盟友同甘共苦，並鼓勵他們儘量去追尋自己所要的，可是一旦目的達到，爲了獨享其成，或是爲了掩飾劣行惡跡，或是爲了平息衆怒，便要對那些幫他成就了大事的部屬和盟友們開刀了，這種謀術便叫「御磨殺驢」。

縱觀中國幾千年封建社會，一些以武力奪取政權的人物，思想行爲常常有一個「三怕三不怕」的公式。

所謂「三不怕」，即未得志之時，不怕天誅地滅，不怕羞辱父祖，不怕神憎鬼厭，因此能任性橫行，恣意貪取，視別人的生命如囊中之物，這是鼠竊狗偷時期。

所謂「三怕」，那是在得志之後，已經有權可弄、有威可擺，可控制一切，是播講仁義道德的顯赫時期，因而最怕聽舊聞，怕見舊人，怕提舊事，這些舊聞舊事舊人，恰恰又與昔日的手足有密切的關聯。

由此可知，做人必須要機靈一些，別自認爲眼前的一切是你應得的成果，畢竟世事從沒有絕對，當你發現時機不對時，便要懂得急流勇退的道理，免得落得兔死狗烹的悲慘下場。

有效的分化，會讓敵人自相殘殺

想要瓦解強敵的勢力，最有效的辦法就是挑起他們的猜忌，讓他們自行分化、自相殘殺。

面對強敵的威脅，只要玩弄分化的手段，讓對手起內鬨，使他們無法槍口一致向外，最後的勝利當然是站在我們這邊。

東漢末年，王允與呂布等人合謀誅除董卓，接著便在朝中捕殺董卓餘黨，這也引起了董卓部將的不安，李傕、郭汜立即發動暴亂，很快地便攻下長安，殺死王允，控制了朝政。

然而，李傕與郭汜卻放縱兵士在長安大肆搶掠，導致居民死傷數萬，讓太尉楊彪、司馬朱信雋等元老重臣處心積慮想除掉二人。只是，該如何拆散他們二人，卻是一項大難題。

這天，楊彪與朱信雋計議說：「聽說郭汜的妻子十分會吃醋，現在我們可以散佈謠言，說郭汜與李傕的妻子有染，如此一來，她一定會禁止郭汜與李傕往來，然後我們再暗中派人召曹操入朝勤王，乘二人分裂之時攻打他們。」

果然，當八卦消息傳到郭汜妻子的耳裡，她便處處阻礙郭汜到李傕家。有一次，李傕在家中宴客，見郭汜沒有出現，便派人將飯菜送至郭家，沒想到郭妻居然暗中在菜裡放了毒藥後才端給郭汜。

當郭汜剛要吃時，他的妻子連忙阻止，說要丟些飯菜給狗吃，沒想到狗才吃了一口，便倒地死亡。從此，郭汜對李傕有了間隙。

又過了幾天，李傕又在家設宴請郭汜，巧合的是，郭汜那天回到家後，居然肚子絞痛起來，郭妻更煞有其事地幫他催吐，沒想到一番催吐後，郭汜的肚子居然不疼了，這個巧合更令郭汜從此惱恨李傕。

他心裡想著：「李傕這廝不懷好意，處處想置我於死地，如果我再不先下手，必然會被李傕所害。」

於是，他立即調動自己的軍隊，準備進攻李傕，而李傕在家中聽到郭汜的行動，也立即整兵備戰，最後郭、李聯盟就這麼徹底瓦解了。

做人要有心機，做事要有心計

治敵的方法人人都有，只是巧妙各有不同，想要瓦解強敵的勢力，最有效的辦法就是挑起他們的猜忌，讓他們自行分化、自相殘殺。

聰明的老臣們沒有直接對著主角下手，而是從郭汜的妻子下手，借別人的手來推動分化計謀，自己又能總攬全局，而不必耗費任何精神力氣，自然是妙招了。

再聰明的人也會有盲點和弱點，如何讓對方不自覺地曝露自己的缺點，是許多教戰守則裡一再告訴我們的絕妙方法，只要能靈活運用，在對手之間製造矛盾的缺口，那麼，我們便能爲自己創造一個機會的入口。

太相信別人等於自掘墳墓

有人總是絞盡腦汁推卸責任，當然也有人得代他們背黑鍋，於是，我們就會常見，因為太過相信別人而一再背黑鍋的可憐人。

有一次，齊國大夫夷射在王宮裡喝醉了，醉得連站都站不穩，便依靠在門邊歇息。這時，有個名刖跪的下人對他說：「把您喝的酒給我一點好嗎？」夷射罵道：「滾一邊去，下賤的僕人居然敢向貴人要酒。」

刖跪自討沒趣，連忙跑開，不過等夷射走後，刖跪卻心生報復，在迴廊門外開始灑水，像是有人在此撒尿一般。

第二天早上，齊王看見到這一灘水，以爲是尿，便問：「是誰在這裡撒尿？」

刖跪回答：「我沒有看到，不過，昨天大夫夷射曾在這裡站了一會兒。」

由於，在宮廷內撒尿是項大罪，就這樣，夷射莫名其妙地死於一杯水酒。

類似這樣「嫁禍於人」的伎倆，各朝各代的史料中皆有記載。

明朝嘉靖年間，蒙古俺答部進犯大同，當時負責大同防務的是總兵仇鸞。由於仇鸞的這個官位，是靠賄賂嚴嵩買來的，原本就是個大草包的他，面對俺答的進犯不禁驚慌失措，不敢正面抵抗，最後居然派了一個親信，帶了重金去見俺答部的可汗，求他不要進犯自己的防地，請他轉犯別處。

收了重禮的俺答，果然立即轉移目標，然而這一轉，卻一路殺到了北京城。

京師震動，朝廷慌忙集合京城各營兵加強防守，只是命令下達後，軍隊卻久久集中不起來。原來，禍亂朝政的嚴嵩父子與統兵大官等人暗中勾結，早就將軍餉全數侵吞，軍餉一半進入各將領的私囊，一半則向嚴氏父子進貢。

眼看國家岌岌可危，朝廷倉促間集合了起四、五萬兵衆，但大都是些老弱殘兵，沒有一點戰鬥力。

後來，各鎮兵接到勤王的命令，陸續到達北京，其中也包括仇鸞在內。

仇鸞重金賄賂俺答時便預知，蒙古部衆必定會深入內地，危及京師，於是乘機主動上書，請求進京勤王。

此舉，當然令糊塗的明世宗感動不已，還嘉獎仇鸞「忠勇」，任命他爲平虜大將軍，節制諸路勤王兵馬。

然而，仇鸞原本便是個貪財怕死的懦夫，雖被委以重任，卻仍然按兵不動，任由俺答軍隊在北京城下大肆搶掠村民。

兵部尚書丁汝夔請示嚴嵩是否出戰，嚴嵩竟說：「在邊塞失敗，還可以瞞住皇上，在京郊失敗就難以隱瞞了，俺答搶掠夠了就會自己離去，我們千萬不能出戰，唯有堅壁守城方爲上策。」

丁汝夔聽信嚴嵩的話，即傳令諸將不許輕易出戰，然而，諸將們眼看著俺答軍隊燒殺搶掠，聽說丁汝夔不准許出戰，紛紛大罵丁汝夔不忠。

俺答率軍在京郊搶劫一番之後，果然押運著大批男女和金銀財寶，滿意地引兵退去，而仇鸞眼看著俺答退兵遠去，居然還尾隨其後佯裝追擊。

不料，俺答原本計劃從白羊口出塞，卻因駐守當地的明將阻扼，於是又折了回來。仇鸞見狀大呼倒霉，大隊兵馬因爲主帥倉皇奔逃而大亂。

此次事變，明世宗認爲自己受了一次奇恥大辱，又聽見太監們告丁汝夔的狀，更是惱火，便立即抓他來治罪。

然而，丁汝夔實際上是依嚴嵩的主意辦事，一聽到消息，便立即求救於嚴嵩。狡猾的嚴嵩見明世宗震怒，怕丁汝夔把自己也牽連進去，便安慰他說：「有我在，一定不會讓你死。」

丁汝夔又一次聽信了嚴嵩，即使死到臨頭，也忠誠地沒說出這是嚴嵩的主意。只是他怎麼也料想不到，拍胸保證的嚴嵩，聽見明世宗要處死自己時，居然噤若寒蟬，什麼話也沒說。

直到刑場時，丁汝夔才知道上了嚴嵩的當，卻只能在刑場上大罵：「奸賊嚴嵩誤國！奸賊嚴嵩誤我！」

做人要有心機，做事要有心計

人性都是自私的，所謂「人不爲己天誅地滅」，每個人都害怕自己犯下的錯誤會被揭發，於是，他們爲了保護自己，必定會做出一些犧牲的動作，只是，這個犧牲的人很少會是他自己。

正如俄國文豪高爾基所說的：「許多人都渴望成功，但有誰能在不歪曲事實的情況下，達到目的呢？」

自私的人共同的特徵是，嘴裡總是以「人不爲己天誅地滅」爲理由，暗地裡幹了見不得人的勾當，卻不希望瘡疤被人們揭發。

所以，有人總是絞盡腦汁推卸責任，當然也有人得代他們背黑鍋，於是，我們就會時常見到，因爲太過相信別人而一再背黑鍋的可憐人。

人心難測，爲了不讓自己老是成爲別人的犧牲對象，在爲自己爭取生存的權利時，必須懂得「逢人只說三分話，未可全拋一片心」的生存法則。

出賣你的，往往是你最信任的人

職場和官場一樣，人人都想出頭，或許你是個很有才能的人，但別忘了防人之心不可無。

戰國時代，楚昭王即位之後，以囊瓦爲相國，和谷宛、鄢將師、費無忌一起輔政。有一年，谷宛出征吳國大獲全勝，昭王大喜之餘，便將從吳國擄獲的兵甲一半賜給他，從此什麼事都與他商量，對他更是信任有加。

然而，這個情況卻引起費無忌等人的忌恨，費無忌因而與鄢將師一同設計要陷害谷宛。不久之後，費無忌設下計謀，對囊瓦說：「谷宛想請您到他家裡見面，不知道相國願不願意前往？」

囊瓦回答：「既然谷將軍相請，怎能不赴會呢？」

費無忌接著又去邀請谷宛：「相國有意來貴府飲杯酒，不知您願不願意做東？他託我來問一問。」

谷宛不知是費無忌其實別有計謀，便欣然答說：「當然好了，難得相國看得起我，實在榮幸之至，明天我當設宴恭候！」

費無忌又問：「未知相國明日到來時，你準備送他什麼？」

谷宛遲疑道：「這……不知相國喜歡什麼？」

費無忌故意停頓了一下，然後才說：「身爲相國，對於女子、財帛等必定不稀罕，我想，堅甲利兵才是他感興趣的，之前他也曾對我暗示，很羨慕你分得一半吳國兵甲，我想，他想來赴宴，無非是想參觀一下你的戰利品罷了！」

「這個很容易。」

谷宛隨即叫人拿出戰利品來，費無忌熱心地幫忙挑選出一百件最堅固的兵甲，並對谷宛說：「這些夠了，到時你把這些放在門邊，相國來的時候，必問及此事，一問你就拿給他看，乘機獻給他，如果是別的東西，恐怕他是不會接受的。」

谷宛信以爲眞，便將那一百件兵器和被俘擄的吳兵放在門內，用布帳掩蔽起來。

次日，谷宛設下筵席之後，便託費無忌去請囊瓦。

當囊瓦準備啟程，費無忌卻說：「谷宛近來態度十分傲慢，此次設宴又不知其中緣故，人心不可測，待我先去探聽一下，看他擺宴的情況怎樣，相國隨後再去，這樣比較安全些，好不好？」

囊瓦說：「好！你先去看看吧！」

費無忌出去在街上胡亂轉了個圈，故意踉踉蹌蹌地跑了回來，氣急敗壞地說：「我已探聽清楚，谷宛這次請客根本不懷好意，他想要置相國於死地，我見他們門內暗藏甲兵，殺氣騰騰，相國若前去，一定中他的計。」

囊瓦一聽，心裡猶豫起來說：「我和谷宛平日並無過節，我想不會這樣！」

費無忌乘機挑撥說：「谷宛自從征吳有功，仗恃著大王恩寵，早有想取代相國的野心，這是人人皆知的事，我和鄢將師正防他這一著。想想，谷宛本可以乘勝追擊把吳國滅了，可是他卻俘獲一些兵甲就班師，聽說他當時得到吳國很多賄賂，這個人一定心懷鬼胎，只是不知在打什麼主意。」

費無忌的這番話讓囊瓦心有了些許疑慮，雖然他不大相信，但還是另派心腹前去打探個究竟。

那心腹回來報告，說谷宛家的門內果然埋伏兵甲，囊瓦頓時雷霆大發，即叫人去請鄢將師來，與他共商大計。

鄢將師早與費無忌串通好，添油加醋地說：「谷宛想造反，並非一天之事，他和城內三家大族夥同想謀奪國政，幸好今日發覺，再遲就慢了。」

囊瓦聽了，當下奏請楚王，命鄢將師圍捕谷宛全家，谷宛這才知道自己中了費無忌的奸計，含冤莫辯，遂長嘆一聲，拔劍自刎。

做人要有心機，做事要有心計

擺出慈祥和善的臉孔，說著悅耳動聽的話語，正是那些熟諳攻心謀略的人物的拿手好戲，爲了達到自己的目的，他們經常大搞心機工程，以蠱惑的言詞、華麗的表演，改變別人的意志，牽著別人的鼻子走。

做人做事一定要講究策略，才能提昇自己的競爭力。想在人性戰場上勝出，想要左右別人的決定，「攻心」絕對是必須具備的智慧，如果你不懂得使些心術，不懂得玩些心機，那麼永遠都只是現實社會中的輸家。

人與人只要處於競爭的關係中，就難免爲了權勢、名利而勾心鬥角，就算你自認行事坦蕩，進行的是君子之爭，也會遭遇突如其來的危機。職場和官場一樣，人人都想出頭，或許你是個很有才能的人，但別忘了防人之心不可無。

因爲，在「權」、「利」的誘惑之下，就算是你推心置腹的伙伴，都有可能是傷害你最重的那一位。

太過剛直，容易壞了大事

如果不想一再地遭受無之妄災，做人處事還是朝著「圓融」二字努力，不僅能保護自己，也能讓小人沒機會現身。

蕭望之是漢代一位個性剛直的臣子，由於對當時的太監、外戚干政情況十分反感，也因此被石顯等人視為眼中釘。

當時，有個叫鄭朋的儒生投靠蕭望之門下，目的是想求得一官半職，為了投其所好，還建議上奏攻擊兩家外戚，讓蕭望之相信彼此的理念無異。

於是，蕭望之便答應了他的要求，助他求得一官半職。

然而，蕭望之不久卻發現，鄭朋這個人品行非常差，從此便不再理會他，也因此讓鄭朋懷恨在心。

不久，鄭朋轉而投靠曾被他攻擊過的史高及許章兩家外戚，還將他之前攻擊他們的事，全推給蕭望之與他的好友周堪、劉更生等，直說自己是無辜的。

事後，鄭朋到處宣揚：「侍中許章、車騎將軍史高接見了我，我向他們揭發了前將軍蕭望之的一件罪行。」

蕭望之聽到後，便到石顯那裡打聽消息，這也正中石顯的下懷，他知道，陷害蕭望之的時機到了。

石顯找來鄭朋與另一位與蕭望之有仇的人，要他們二人上奏誣蔑蕭望之，並大肆散播不利於蕭望之的謠言。

皇帝看了奏章後，便派弘恭調查，這弘恭正巧與石顯是一丘之貉，於是他們一同向漢元帝說：「蕭望之、周堪、劉更生三人結黨營私，互相吹捧，三番兩次攻擊朝廷大臣，挑撥離間皇帝與外戚的關係，目的是想獨攬大權，請下令懲處。」

於是，周堪和劉更生莫名入獄，至於蕭望之，雖然仍然深受皇帝器重，然而在石顯等人一再誣陷、迫害下，不久也面臨牢獄之災。

當時，漢元帝曾一度幫他說話：「蕭望之平日為人剛直，必定不肯入獄，我很擔心他會想不開。」

石顯等人連忙說：「螻蟻尚且貪生，更何況蕭望之這次犯的只不過是言語不當，罪不至死，怎麼會輕易自殺？」

漢元帝覺得石顯說得有道理，便批准逮捕蕭望之。

然而，當詔令送底蕭家時，蕭望之便知不妙，立即想要自殺，雖然妻子勸阻他，但剛直的蕭望之卻說：「曾經做過將軍的我，現在都六十多歲了，老了還要入獄受辱，如此苟活下去，不是太卑微了！」

就這樣，蕭望之在石顯的中傷下，喝毒藥自殺了。

做人要有心機，做事要有心計

很多時候，剛正不阿常被誤解爲不近人情，讓原本耿直合理的正當性，被人們批評爲處事不夠通情達理，而遭到責難，甚至是陷害。

即使我們明白，越是耿直的人處事也越爲公正，可是一旦事務牽涉到私利，一旦阻礙到別人的發財或求官之路，再合理、再公正的人也會被排斥與辱罵。

在現實生活中，這些情況其實經常發生在你我的身邊，然而遇到這類情況，我們又能如何呢？

很多時候，我們總是無奈地拍了拍對方的肩膀，安慰他們：「算了，何必跟小人計較。」

當然，要讓心情釋懷，我們只能消極地這麼想，然而，如果不想一再地遭受這類無之妄災，做人處事還是朝著「圓融」二字努力，處世圓融不僅能保護自己，也能讓小人沒機會現身。

被慾望蒙蔽，就會失去判斷力

慎選英明的老闆也是保護自己的方法之一，只是，許多人總是高估了自己的影響力，而忽略敵人的攻擊手法，看不見人們背後所動的手腳。

齊景公自從在夾谷受孔夫子一番奚落後，一直耿耿於懷，經常想找機會報復。

不巧的是，齊國名相晏嬰死後，魯定公開始重用孔子，這點讓齊景公感到坐立不安，因而對大夫黎彌說：「魯國重用了孔老夫子，恐怕會威脅到我國，萬一他的霸業發展起來，恐怕我國將首當其害，這應該如何是好？」

足智多謀的黎彌沉思了一會兒後說：「釜底抽薪，逼走孔丘便是！」

齊景公好奇地問：「怎麼逼呢？」

黎彌說：「您沒聽過『飽暖思淫慾，飢寒起盜心』嗎？今日魯國太平繁榮，魯定公又是個好色之徒，若能選一群美女送給他，他必定會喜孜孜地全數接納，這樣一來，魯定公必定會樂不思蜀，到時他還會記得什麼孔夫子嗎？如此不敬的態度，必能將孔子氣走，主公您自然可以高枕無憂了。」

景公一聽，覺得頗有道理，隨即命黎彌挑選八十名美女，嚴格加以訓練，待時機成熟後，便送往魯國去。

魯定公一看到這些美女的舞姿，果然樂得神蕩魂飄，齒酸涎落，甚至當場跟著手舞足蹈起來，從此以後不再早朝，終日在芙蓉帳裡取樂。

孔子聽聞此事，凄然長嘆，子路便勸老師：「國君已經身陷迷魂陣，早把國事置諸腦後，老師何不走了！」

孔子說：「別忙，祭祀的時候已到，這是國家大事，如君王還沒有忘記的話，國事猶有可爲，否則的話，再收拾包袱也未遲。」

到了祭祀期間，魯定公雖然照例參祭，卻很明顯地看得出來，一點誠心都沒有，草草祭拜完畢便又回宮享樂。

孔子看到這個情況大為失望，便對子路說：「回去通知大家，立即收拾行囊，我們明早就離開。」

於是，孔子便棄官離開，從此率領著門生周遊列國，過著流浪的生活。

做人要有心機，做事要有心計

或許，從攻擊對手的角度來看，齊景公逼退孔子的手法相當高明，然而，如果孔子選擇的君王不是貪慾好色之徒，美人計也不會得逞。

慎選英明的老闆也是保護自己的方法之一，只是，許多人總是高估了自己的影響力，而忽略敵人的攻擊手法，看不見人們背後所動的手腳，看不見人們即將從他的身邊補上一刀，每每要等到身上傷痕累累後，才驚覺：「原來我受傷了！」

看見貪享一時慾望的魯定公，最終氣走孔老夫子的時候，我們也當訓示自己：「不要被一時的美好與慾望蒙蔽，而失去應有的判斷。」

懂得付出，才能獲得適時的幫助

對立與仇視只會為自己帶來禍害，與人結善，心自然開闊、快樂，也能獲得適時的幫助。

趙王的弟弟平原君是魏國公子信陵君的姐夫，在秦國攻打趙國之際，曾多次寫信給魏王和信陵君，請求出兵援救，魏王便派了將軍晉鄙率十萬大軍前去救趙。

但是，在秦王的百般威嚇下，魏王心生反悔，急忙命令晉鄙停止進軍，暫時駐紮在鄴城觀望。

眼見秦軍來勢凶猛，一路攻城掠地，平原君等得相當著急，不斷派人到魏國去求救，還責備信陵君說：「我之所以跟魏國結爲親戚，是因爲你的豪爽與義氣，總是能解救別人的危難，如今邯鄲快被攻破了，貴國的救兵竟然還在途中觀望，看來你也是徒有虛名罷了。」

信陵君明白魏王懼怕秦國，已無出兵的打算，便決定獨自一人救趙。

信陵君率領了門下食客和親信部隊來到東門，見到守門的侯生時，便將自己將與秦軍決一死戰的消息告訴他。

沒想到分手時，侯生卻冷冷地與他道別，一點也不阻擋，也不熱情表示要伸出援手，這讓信陵君心中很不是滋味。於是，走了不遠便又折了回去。

一回到東門，只見侯生早已站在城門外恭候，笑著對信陵君說：「我早就料到你一定會回來。」

信陵君不解地問：「你怎麼知道？」

侯生笑著說：「你一向對我很好，如今你要去送死，我卻不為你送行，你心裡一定很不愉快，所以必定會回來質問我囉！」

接著，侯生又說：「我知道你一向器重賢才，但你養了這麼多門客，現在遇到了困難，卻一點解決辦法都沒有，試想，徒然和秦軍拚命，那不是如同一塊肥肉丟進老虎口裡，有什麼益處呢？」

信陵君無奈地說：「這個道理我懂，但是，平原君是我的姐夫，如今他危在旦夕，我豈能見死不救呀！」

侯生細聲問信陵君：「聽說如姬是魏王最寵幸的夫人吧！而如姬的殺父兇手，好像也是你幫她找到的吧？」

「是的！」

侯生點了點頭，說道：「既然你爲如姬找到了殺父仇人，她自然會對你感激不已，你正好可以利用這點恩情，請她幫忙。」

信陵君聽了侯生的建議，立即前進如姬那兒，請她伸出援手。

如姬聽到後，果然毫不推辭地答應了，當晚如姬設宴把魏王灌醉，並乘機盜取兵符，讓近身的侍女連夜送到信陵君的手中。

拿到兵符的信陵君，立即回到侯生家裡，與他商討下一個步驟。

侯生說：「現在你帶著兵符前去，如果晉鄙到時不願交出兵權，還要向大王請示時，就讓我的好友朱亥當場把他打死。」

信陵君率領自己的部隊來到鄴城，立即假傳魏王命令，要接替晉鄙掌軍權，晉鄙果然不肯交出兵權，聲稱要請示君王，而在一旁的朱亥隨即拿出鐵錘，當下擲向晉鄙，晉鄙應聲倒地。

信陵君接過晉鄙的兵權，檢閱過人馬，發佈命令說：「父與子同時在軍中的，父親要退役回家，兄與弟在軍中的，哥哥回去，是獨生子的也回家去奉養父母。」

經過整編以後，信陵君得到精兵八萬，然後派人前往邯鄲告訴趙王，約定日期進行前後夾攻。進軍那天，信陵君身先士卒，殺得秦軍措手不及，血流成河，倉皇逃回秦國而去。

邯鄲終於解圍了，趙國也轉危爲安，從此秦軍再也不敢輕舉妄動，只是信陵君因盜竊兵符，又假傳魏王軍令，因而遭到罷黜，只好攜家帶眷長居趙國。

做人要有心機，做事要有心計

樂於助人等於廣結善緣，所以，信陵君能在危急時刻得到侯生、朱亥、如姬等人的幫助，讓自己能在危急之際化險爲夷。

生活中的助力，都發自於我們先前的付出，因此，與值得交往的人相交之時，應該發自眞心，和善以對，並讓臉上時刻掛滿笑容，在能力所及的範圍內，竭盡所能幫助對方。

許多人因爲在人際交往的過程中遭遇挫折，因而採取明哲保身的態度，冷眼看待周遭的人，免得自己繼續吃虧上當。但是，這是消極的做法，因爲冷漠處理自己的交際活動，只會被大家冷落，最後演變成對立和仇視。

對立與仇視只會爲自己帶來禍害，與人結善，心自然開闊、快樂，也能獲得適時的幫助，兩相比較，聰明如你自然會知道，怎樣的朋友最值得我們相交與付出。

02

耍一點技巧，更快達成目標

生活中有各種面向，不是所有正面的理論都是好的，
也不是所有的反面就不合乎人道，懂得圓融運用的人，
才能為自己創造更好的未來。

要把心機耍得不露痕跡

雖然成功的背後免不了心機，可是要如何將心機耍得漂亮，耍得不露痕跡，可不是人人都做得到的。

從歷史上的慘痛教訓，我們可以知道，越可怕的敵人越是藏在看不見的地方，越是你想像不到的那個人。

因此，永遠不要低估你的對手，即使過去他在你眼裡是一個要好的朋友，一旦他成了你的競爭對手，甚至是敵人，你就要小心加以提防，不要輕信對方的「溫情攻勢」，以免讓自己遭到不測。

戰國時期，公孫鞅原本是魏國人，投奔秦國之後，卻因爲能力出衆而被秦孝公重用，官階節節升高，最後更被封爲宰相。

後來，秦國發兵攻打魏國，魏國派出公子卬迎敵。公孫鞅在魏國時，與公子卬曾經有過一段很好的交情，現在兩軍對陣，公孫鞅就派人去對公子卬說：「以前我們的交情那麼好，雖然現在兩軍對陣，各爲其主，但也不能將我們的友誼毀於一旦，我們都不妨退兵吧！」

於是，公子卬不疑有他，下令退兵。

就在公子卬拔營準備撤退的時候，公孫鞅突然派人來說：「我們已經很久沒見面了，現在剛一見面又要分手，不如請你移駕來我這裡坐一坐，聊聊往事，也不枉過去大家認識一場。」

公子卬心中非常感動，於是欣然前往，雖然他的部下擔心有詐而竭力勸阻，還是徒勞無功。豈知，公子卬才到公孫鞅的營中，就被事先埋伏的殺手砍死，秦國也因此得到勝利。

等秦孝公死後，他的兒子秦惠王即位，對公孫鞅這種卑鄙行爲非常反感，想要治他的罪。公孫鞅只好逃出秦國，想要回故鄉又不可能，只有四處亡命了。

古往今來的英雄豪傑，一旦仔細查考他們成功的過程，我們就會發現，在他們功成名就的背後，其實隱藏著許多不爲人知的狡猾和奸詐。

雖然成功的背後免不了玩弄一些心機，可是要如何將心機耍得漂亮，耍得不露痕跡，可不是人人都做得到的。

公孫鞅就是耍詐失敗的一個例子。他失敗的地方，在於他耍詐耍得太「光明正大，太不懂得收買人心」了。

當人人都知道是你在背後搞鬼時，你會得到什麼下場自然可想而知。

所以，如果沒有耍詐的天分，就不要輕易嘗試，堂堂正正的跟別人一較長短。否則小心落得跟公孫鞅一樣，變成過街老鼠，人人喊打。

靠山越穩當，生活越有保障

所謂的靠山總是顯性的，他們不會隱藏起來，然而我們的才華天分卻通常是隱性的，沒有經過一番展現，別人當然很難發現它們的光芒。

觀看歷史或典故時，不必計較故事中的忠奸問題，因爲那是屬於道德範疇的部份，應該站在另一個思考的角度，學習故事之中的智慧與謀略。因爲，從生存與成就未來的方向上，我們不得不承認，在思慮和的行巧上，多數小人的成功技巧總是勝過正氣凜然的君子。

明朝太監魏忠賢爲了能仕途步步高升，決定從明熹宗的乳母客氏下手。

當時，客氏與另一個太監魏朝較爲親近，不過魏忠賢看準了客氏在皇帝心中的分量，於是便使計讓客氏愈來愈疏遠魏朝。

不久之後，魏忠賢果然順利擄獲客氏的心，兩人經常形影不離，此情此景當然令魏朝十分吃味。

有一天，魏朝和魏忠賢兩人在宮裡爭風吃醋，大吵大鬧，後來這事更吵到了熹宗皇帝耳裡，皇帝出面質問，客氏則明白地向熹宗表示，希望能將她配予魏忠賢。

從此，魏忠賢在客氏的幫助下，漸漸地得到了熹宗的信任，一路升遷到司禮監秉筆太監，成了皇帝身邊最親近的人。雖然魏忠賢目不識丁，但在客氏的支持下，終究還是得到這個位子。

故事當然不是在這裡便結束了，因爲小人的伎倆永遠是多樣而狡詐的，大太監魏忠賢在後來的正史裡，不僅是明代玩弄權術的卑劣人物，更是史官筆下令人憤恨的禍國殃民的大壞蛋。

只是，在唾棄這類充滿私慾的小人時，我們何不思考一下：「爲何小人總是能活得順心快活？爲何小人總是能成就他們的目標？」

原因無他，只因腦袋靈活的他們，比多數只會單向思考的人更懂得什麼叫「生存法則」，就像故事中的魏忠賢。

做人要有心機，做事要有心計

每個人都希望自己能有一個靠山，讓自己的生活或工作有所保障，但是，絕大多數人都不知道要如何找到一座穩當的靠山。

有人說：「只要賣命地做，自然能感動別人。」

當然更有人會說：「慢慢地等，有緣的貴人自然會出現。」

然而，「良禽擇木而棲」，假使我們不主動積極地尋找、親近貴人，貴人又怎麼看得見我們的才華與付出呢？

所謂的靠山總是顯性的，他們不會隱藏起來，然而我們的才華天分卻通常是隱性的，沒有經過一番展現，別人當然很難發現它們的光芒。

所以，「愛現」其實是件好事，只要我們的實力是紮實的，經過努力地刻意表現，我們就有機會發展自己，也才會有機會步步高升。

小心身邊披著羊皮的狼

要小心披著羊皮的狼，聽見甜言蜜語，千萬別再心花怒放，因為，你一旦放鬆了警惕，便要誤入對方的陷阱。

歷史將「口蜜腹劍」的專利權，歸給唐玄宗時代的大奸臣李林甫，稱他「口有蜜，腹有劍」。

當年，唐玄宗欲用李林甫為相之時，曾向中書令張九齡徵求過意見，張九齡說：「宰相繫國安危，陛下如果擢用李林甫，恐怕他日將成為廟社之憂。」

李林甫知道此事後記恨在心，但張九齡地位相當崇高，李林甫對他雖然惱怒，卻也無可奈何，表面上對他「曲意事之」，實際上仍然努力尋找機會報仇。

開元二十四年十月，唐玄宗巡遊到東都洛陽，想要擺駕返回長安，但裴耀卿、張九齡二相考慮到時值秋收大忙季節，皇帝若起駕歸京，沿途百姓迎送，勢必影響秋收，所以建議唐玄宗推遲到初冬再回長安。

這事讓李林甫覺得是巴結玄宗的一個大好機會，因此等裴、張二相退去，李林甫便說：「皇上的車駕要往何處去，何必考慮時節？假令有妨礙農收的疑慮，赦免所過之地的租賦即可。」

玄宗聽了龍心大悅，立即西還。

朔方節度使牛仙客勤於政業，能節用度，倉庫充實，器械精利，唐玄宗對他極為讚賞，欲拜他為尚書，張九齡反對說：「不可，尚書地位崇隆，貿然擢用牛仙客，恐怕有辱朝廷威嚴。」

玄宗聽了改變了主意，決定對牛仙客加以「實封」，但張九齡依然反對，玄宗聽後沉默無語。李林甫趁機對玄宗說：「牛仙客頗有宰相之才，九齡先生執意反對，未免不達大禮。」

李林甫一番話，深得龍心，於是他又進了張九齡的讒言。

第二天，玄宗又提出此事，張九齡固執如初，玄宗非常惱怒，說道：「難道朕事事都要聽從你的意思嗎？」

事後，李林甫向玄宗奏道：「天子用人，有何不可！」不久，張九齡、裴耀卿被罷黜，李林甫取代張九齡爲中書令，牛仙客升任相職。然而，靠著玩弄權術成功的李林甫，仍然擔心自己被人取而代之，所以只要名望與功業在他之上的人，無不被設計陷害。

像是中書侍郎嚴挺之，遭到李林甫排擠出京後，只因唐玄宗無意間問起此人，便落得「東京養疾」的命運。

由於李林甫深懼嚴挺之，唯恐他重返京都之後獲得重用，便召來嚴挺之的弟弟嚴損之說：「皇上待君兄情意甚厚，不妨奏稱罹患風疾，請求還京師就醫。」

李林甫虛情假意地表示關心嚴挺之，並教唆嚴損之代爲上奏，謊稱嚴挺之有病請求回京治疾，而嚴損之毫無戒心，反倒非常感激，便依計行事。豈知，李林甫在拿到嚴損之的奏表後，便對玄宗說：「挺之衰老，得了風疾，不妨給他安排個閒差，使他便於醫藥。」

玄宗聽了之後，授以詹事一職，令其「東京養疾」去了，但從此嚴挺之在朝廷中再也不受任用。

做人要有心機，做事要有心計

不要以爲邪惡狡詐之徒都長得陰險，說話刻薄歹毒，實際上，眞正的邪惡狡詐之徒，從外表看來大都人模人樣，說起話來冠冕堂皇，有的甚至斯文儒雅，一派知書達禮的正人君子模樣。

只是，這些大都是裝出來的，在他們心中只有不變的目的，沒有不變的手段。因爲他們知道，明目張膽地去騙人肯定會失敗，唯有經常變變花樣才能騙得過人們的眼睛，再加上人們愛聽奉承話的弱點，更能讓這些小人一步登天。

所以，要小心披著羊皮的狼，聽見甜言蜜語，千萬別再心花怒放，因爲，你一旦放鬆了警惕，便要誤入對方的陷阱。

耍一點技巧，更快達成目標

生活中有各種面向，不是所有正面的理論都是好的，也不是所有的反面就不合乎人道，懂得圓融運用的人，才能為自己創造更好的未來。

明朝奸相嚴嵩在飛黃騰達之前，曾經有過一段仕途黯淡的歲月。

一再失敗的嚴嵩，在沉潛的時期裡，暗中仍然密切關注著政治的動態。

經他潛心研究，知道想要取得高位必須要有進身之階，而進身之階除了本身的條件外，還要有強硬的靠山，沒有別人的肩膀，很難建立自己的地位，因而經歷一段結交文人墨客與巴結權貴的日子之後，他準備好投身政治漩渦。

大宦官劉瑾垮台後，明朝政局日益混亂，這也使得嚴嵩得以回朝，施展十年苦心鑽研的方法。

嚴嵩回朝一年，官位由七品編修升至六品侍講，又過幾年，再熬上了南京翰林院學士。到了嘉靖六年，四十八歲的嚴嵩被召爲國子監祭酒，一路順利地升遷，但是，嚴嵩卻仍然感到不滿足，想了想自己的年齡，強烈的「緊迫感」，促使他決心加快入閣的腳步。

喜好方術與仙道的嘉靖皇帝，在齋醮活動時，經常需要焚化一篇青絲紅字的駢儷體文章奏報「玉皇大帝」，而嚴嵩發現皇帝有此嗜好，便千方百計把自己寫的「青詞」奉給嘉靖，希望能得到皇帝的青睞。

終於，嘉靖皇帝感動了，下令召見嚴嵩，皇帝看著眼前這個眉毛都已稀疏的老頭，深覺他是位溫順恭謹的老馬，便賜予禮部右侍郎的名銜給他，還委派他代表自己去祭告父親的顯陵。

從此，嚴嵩在仕途上邁了三大步。被任命爲南京吏部尚書後，嚴嵩更加賣命爲自己爭取仕途，終於在一五三六年，以祝賀皇帝壽辰的名義來到京城，並在同黨的美言下，順利達到入主中樞的目的。

做人要有心機，做事要有心計

忠臣之路不好走，但小人之路也不見得輕鬆，只是，在以正義爲主導的現實社會，小人的經營方法始終被完全否定，即使其中有些可以爲忠臣應用的技巧，也被拒絕仿效或運用。

其實，在現實生活中，適當地「討好」或「迎合」，並無損於我們的人格與正義，畢竟只有我們的才華得以發展，我們才有機會實現理想，不是嗎？

生活中有各種面向，不是所有正面的理論都是好的，也不是所有的反面就不合乎人道，懂得巧妙運用的人，不僅能爲自己創造更好的未來，更能因爲自己的圓融和靈活，而讓社會和諧與進步。

不要急著「過河拆橋」

不要因為眼前的得意，而忘了從前的失意。懂得用過去來提醒自己的人，現在的成就才會保持得更長久。

所謂的過河拆橋，不一定專門指忘恩負義的人。當人忘了自己遭逢困境時的心態時，也算是另一種形式的過河拆橋。

當別人不識趣地提起你最不願意回首的往事，你會用什麼態度去面對？是惱羞成怒？是氣急敗壞？還是把它當作一股警惕的力量？

不中聽的話是一把銳利的劍，有時候可以刺穿你的心臟，但是你也可以勇敢伸手握住它，使它成爲你的利器。言者無意，聽者有心，一切在於你如何用心來面對人生曾經有過的挫折。

春秋五霸之首的齊桓公，有一次與管仲、鮑叔牙和寧戚三個重臣坐在一起飲酒。四個人越喝越高興，於是，酒酣耳熱之際，齊桓公更對鮑叔牙說：「你喝得最少，所以應該起來說幾句話，給我們助助酒興。」

鮑叔牙舉起酒杯，站起來對齊王說：「有幾句祝酒辭正好可以藉這個機會說。第一句，希望大王不要忘記逃亡去莒國的事；第二句，希望管仲不要忘記成爲魯國階下囚的事；第三句，則希望寧戚不要忘記當初睡在牛車下面的事。」

齊桓公聽完之後，不僅沒有生氣，反而趕忙站起來對鮑叔牙深深施禮，語氣眞誠地說：「寡人和他們兩個，都會謹記您說的話，使齊國永保霸業，社稷鼎盛！」

鮑叔牙在酒席上趁著大家正高興的時候，講出每個人在最倒楣的時候遇到的事情，按照常理，這是故意掃大家酒興的行爲。

事實上，鮑叔牙也正是想掃大家的興，因爲他要讓大家知道，不要因爲眼前的得意，而忘了從前的失意。

做人要有心機，做事要有心計

你可以反駁別人的批評，斥責別人的無知，但這樣並不會使你在別人心目中的地位提高，反而得不償失，只有像齊桓公這樣勇於接受的人，才可以藉此不斷提醒自己，締造更高的成就。

也許有人會認爲，留著失意時的「橋」，不但沒有意義，對已經得意的自己而言，更是一件很沒有面子的事。

可是，哪個人沒有過去呢？懂得用過去來提醒自己的人，才會贏得別人敬重，現在的成就才會保持得更長久。

而且，這條代表著失意的「橋」，不知道在哪一天會成爲你的避難器具，急急忙忙的拆掉，不也代表缺少了一條退路嗎？

遠見，就是成功的關鍵

機會是可以靠自己創造的，無論是眼前的，還是需要時間等待的，一切終究是操在我們的手中。

戰國末年，行商致富的呂不韋經常這麼想：「只是個成功商人又如何？除了行商之外，我應該成就一些大事！」

那麼，他要成就怎樣的大事呢？

他想：「如果能當個政治家，便能操縱國家，順利的話，天下就是我的了，這必定比經商有趣得多。」

於是，呂不韋決定以經商的手法從事政治，經過一番物色，找上了在趙國當人質的秦國公子異人。

異人爲夏姬所生，在兄弟間排行居中，而且按照立嫡長子不立庶子的封建傳統習慣，根本沒有資格也沒有機會繼承王位。

但是，若能用點計謀，讓安國君和華陽夫人冊立異人爲嫡嗣，那麼如今這個落難的公子便有機會登上王位了，而他更能成爲「定國立君」的大功臣。

爲了實現這個宏偉的政治目標，呂不韋努力結交異人，並對他說：「我能給公子一個輝煌的未來。」

異人冷笑一聲，道：「是您自己的未來，還是我的未來？」

呂不韋直言不諱地說：「當然是要靠著公子，我才能成功。」

聰明的異人也聽出其中關鍵，便立即與呂不韋共商，呂不韋說：「聽說安國君寵幸的華陽夫人並無嗣子，偏偏當今能立嫡嗣的唯有華陽夫人，公子您的兄弟有二十多人，如今您卻長期在趙國當人質，假使等到昭王死，安國君即位，公子再想和兄弟們爭當太子就不可能了。」

異人點頭道：「但我能怎麼辦？」

呂不韋說：「我願意幫助公子，勸說華陽夫人立您爲嫡嗣。」

異人一聽喜出望外，立即向呂不韋施禮，稱謝：「將來若能當上秦王，必定拜您爲相，與您共治秦國。」

於是，他們一步步地買通了華陽夫人身邊的人，也慢慢地讓華陽夫人接納了異人，最後果然讓華陽夫人動心，認異人爲兒子。

呂不韋更對華陽夫人說：「凡是以姿色得寵的女子，一旦年老色衰便要失寵，如今，夫人雖爲安國君所寵愛，雖然有異人爲後，但您仍然要及早勸說君王從諸子中選擇一個賢孝者爲嫡子，才能保住夫人的地位。」

於是，華陽夫人經常在安國君面前誇讚在趙國做人質的異人，並經常撒嬌地說：「妾幸得充後宮，不幸無子，願立異人爲嫡嗣，以託妾身。」

見心愛的女子撒嬌，安國君自然不忍拒絕，便以玉符爲證，華陽夫人還趁勢說服安國君拜呂不韋爲異人的老師，負責培養異人執掌國事。

呂不韋將成功的消息帶回邯鄲，異人自然十分高興，也十分感激呂不韋，兩人幾乎成了形影不離的朋友。

當異人回到秦國，自然要先去向安國君和華陽夫人請安，呂不韋知道華陽人爲楚國人，爲了取悅於夫人，特地讓異人穿了楚國的服裝去晉見，夫人見異人這身裝束果然大悅，遂把異人視作親生兒子，改名爲「子楚」。

一天，子楚對安國君說：「您也曾經在趙國當人質，您現在回國，他們皆翹首西望，十分想念您。但您從未派使者去問候他們，兒臣擔心他們因而心生怨恨，因此建請將邊境早閒晚開，以通往來。」

安國君認爲子楚說得很對，也相當驚奇他的宏觀，這時華陽夫人見機不可失，力勸安國君立子楚爲嗣子。

不久，安國君宣佈：「寡人子莫若楚，應立爲嗣子。」

公元前二五一年，秦昭王死去，安國君繼承王位，封華陽夫人爲王后，立子楚爲太子。安國君即位後一年便死了，太子子楚很快地便即位爲秦王，呂不韋也順利成爲宰相。

秦國的軍政大權從此操在呂不韋手中，呂不韋的政治投資終於開始回數，獲得巨大的政治利益。

呂不韋的謀略與事蹟，至今仍然不斷被後人熱烈討論，當然每個人討論的方向也各有不同，但從他成就自己志業的過程來看，「有遠見」和「懂門路」確實是他成功的重要元素。

遠見，就是成功的關鍵，機會是可以靠自己創造的，無論是眼前的，還是需要時間等待的，一切終究是操在我們的手中。

就像呂不韋一樣，即使成功之日無法明確看見，但他深知：「只要用對方法，一步步地往前走，終有一天會達到自己的目標！」

「識時務」是一種自保行動

識時務，不是要我們去迎合現實情況，而是不要過度逞一時之勇，在不公平的現實環境之中，更應該懂得「留得青山在」的生存之道。

明武宗在位之時寵信的太監共有八人，號稱「八虎」，這八人之中又以劉瑾最為狡猾奸詐，也最為後人所熟知。由於在這八虎之中，劉瑾的能力和才智在其他人之上，也最得明武宗信任，因此被眾太監推為首領。

擅於玩權弄術的劉瑾，四處密結黨羽，矯傳詔旨，不僅阻塞忠臣上諫的言路，對於鏟除異己更是毫不心軟，像大學士劉健、謝遷等上書彈劾劉瑾各種罪狀，便反被劉瑾矯旨罷黜，逐出京城。

雖然兵部尚書林瀚、南京給事中戴銑、御史薄彥徽等，先後上疏勸諫，但全被劉瑾發現，並趁著明武宗擊球爲樂時送上奏本，請求定奪。玩得正快樂的明武宗，只看了幾句話便擲交劉瑾：「朕不想看這些胡言亂語，交給你去辦吧！」

劉瑾便假傳聖旨，將上疏的幾個臣子全部逮捕，處以廷杖，削職爲民。

就這樣，劉瑾與吏部尚書等官員內外勾結，玩弄朝政於股掌之中，掌握當時朝廷官員的升遷大權。

有一天早朝過後，皇帝將要回宮時，忽然見到一份寫著劉瑾不法事情的奏本，但卻當即交給劉瑾自行審閱，對於劉瑾的事仍然置之不理。這也加大了劉瑾的膽子，當下立即到奉天門，傳衆官前來，讓他們一起跪在門外，逐一進行清查，一直辦理到傍晚時分，將近三百多人莫名受刑。

其中，刑部主事何鉞、禮部進陸伸，順天推官周臣等三人，更因受傷過重而死於獄中，直到後來查出寫匿名奏本的是個太監，才把大臣們全放出來。

從歷史的事例中，我們總是會看見許多昏君與奸臣的組合，從中，我們總是一貫地努力批評人物之非、時代之悲，但是無論我們評論得如何公正、猛烈，相同的案例，終究不斷地發生，甚至就發生在你我身上。

不是只有在政治上才會發生這樣的不公，現實生活中，仍然有人會爲了一己的私利，而陷害他的同伴或友朋。

因此，當我們爲了發展自己，力求公平與公正的機會時，或許更應該懂得一個自保之道：見機行事！

識時務，不是要我們去迎合現實情況，而是不要逞一時之勇，畢竟在不公平的現實環境之中，我們更應該懂得「留得青山在」的生存之道。

故事不會只有一個面向，有時轉個角度思考，我們更能看見未來的陽光。別擔心那些能力不足的趨炎附勢之人，更不必煩惱那些企圖打壓你的人，無論如何，你的命運與未來，都掌握在你的手中，只要不意氣用事，平靜地走穩自己的腳步，我們終有一天都會看見自己的天空。

不要輕忽生活中的小動作

待人處事不可輕忽大意，別因一時糊塗而鑄下無法挽回的錯誤。多一些謹慎戒懼，少一點漫不經心，我們的人生路將能走得更順利。

日常生活中，我們經常因爲不經意的小動作，不小心刺傷別人的自尊心，發生難以預料的壞事，當然，也有可能因此不經意地贏得人心。

戰國時代，中山國王非常愛才，善納賢士的他，有一次在國都設宴款待國內的名士賢才。當時，中山國的生產力並不高，而且國力微弱，縱使是國君設宴，菜餚卻不是很豐盛。

席間有一道羊肉羹，因爲準備過於倉促，羊肉的份量沒有準備充足，無法讓所有來應邀前參加的人都食用到，當時，中山國的國君並沒有察覺這件事，大部分的人似乎也不太在意。

沒想到，參與宴會的司馬子期卻相當在意，因爲沒有喝到羊肉羹而心生不滿，心想：「今日到此的都是名士，我司馬子期怎麼說也是個人才，衆人皆有羊肉羹喝，國王卻獨不分給我，擺明了就是小看我！當著這麼多人，別人都吃得津津有味，而我卻受到冷落居然還有人邊喝著羊肉羹，邊對著我笑。哼！有什麼了不起？我司馬子期絕非等閒之輩！」

當場，他便起身憤然離去，就此投奔楚國。

不久，楚國在司馬子期的巧辯游說下，舉兵攻打中山國，弱小的中山國自然不是楚國的對手，頃刻間，中山國山河破碎，人民逃散，國王也倉皇逃往國外。

逃亡途中，有兩個人始終緊緊隨護在國君身邊，國王問：「你們對孤王如此忠誠，眞是令人感動啊！」

只見兩個人立即跪下，說道：「大王，您可曾記得，從前有個快餓死的人，因爲您給他一些食物，才能免於一死，而那人就是我們的父親。臣的父親臨死之時曾再三叮囑，無論中山國有何變故，我們都必須誓死報效君王。」

做人要有心機，做事要有心計

圍繞在我們身邊，有的人外表看起來似乎相當古道熱腸，但是卻包藏禍心，經常在背地裡挑撥離間，試圖從中獲得某些利益；有的人看起來毫不起眼，卻會在關鍵時刻適時伸出援手，讓自己絕處逢生。我們無法準確判斷誰是前者，誰又是後者，只能要求自己平時心存善念。

雖然中山國終究亡國，讓人留下感嘆，卻也發人深省：「怨不期深淺，其於傷心，吾因一杯羊羹而失國。德不期多少，其於及心，吾以一壺淡食而得士也。」

的確，生活中往往因爲一個閃失，便有可能傷了別人，以致發生難以預測的後果，當然，也可能因此而不經意地贏得一顆忠誠的心。待人處事不可輕忽大意，別因一時糊塗而鑄下無法挽回的錯誤。多一些謹慎戒懼，少一點漫不經心，我們的人生路將能走得更順利。

小心真相裡頭暗藏假相

即使是親眼目睹，在做下判斷或決定前，仍然要多方考量或評估，因為即使是目睹真相，其中也有可能藏匿著我們所看不到的假相。

春秋末年，伍子胥得知父兄被楚王殺害的消息，連夜逃亡，準備逃往吳國。

不過，要到吳國必須經過昭關，而看守關口的將領還越則帶了一群兵馬駐守，並在關口上掛了一張伍子胥的畫像。

伍子胥逃到昭關附近的歷陽山之時，忽然在山林中走出了一個老頭，上前問道：「伍將軍要上哪兒？」

伍子胥一聽，急忙回答：「老先生別認錯人，我不姓伍！」

老人笑著說：「眞人面前不說假話，我是扁鵲弟子東皋公，曾四處行醫多年，在各國小有名聲，不過現已年老，隱居於此。」

伍子胥一聽，明白老人的話中意思，便放心地問：「先生有何指教？」

東皋公說：「前天我去爲還越將軍看病時，發現關口處張貼伍子胥的畫像。今天一見你，我便認出你了，要不要隨我到寒舍敘談？」

伍子胥見東皋公如此誠意，便跟隨著老人前往。

東皋公說：「關口把守森嚴，你想要出關，恐怕必須想個萬全之策。」

伍子胥當即下跪道：「請先生幫忙。」

伍子胥在東皋公那裡住了七天，方法卻始終都未想到，不禁心急如焚，焦急得連頭髮都白了。

不久，東皋公想出了一個方法，找到了一個長得很像伍子胥的人回來，由他來假扮伍子胥，而伍子胥本人則扮成他的僕人，希望藉此瞞過關口的士兵們。

當士兵們一看見假伍子胥，便認定他是本尊，立即上前將他拿下，並押到還越將軍面前，還越一見就說：「果然是伍子胥，你還瞞得過我嗎？」

守關的士兵看見將軍認定此人正是伍子胥，相當開心自己立了大功，便不再仔細檢查其他的人，就這樣，伍子胥安全出關了。

至於那個冒牌貨，不管士兵們怎麼逼問或用刑，都堅決否認，還說：「我是東皋公的朋友啊，不信你去問他。」

這時，還越也突然發現有異，畢竟他曾與伍子胥有過數面之緣，現在仔細聽這個人的口音，似乎不像伍子胥。

不久，東皋公忽然出現，故作鎮定地拜見還越，說道：「恭喜！恭喜！聽說將軍您捉到伍子胥啦！」

還越回答說：「士兵捉到一個很像伍子胥的人，但是他不肯招認，而且聽他口音，似乎也不大對。」

東皋公故作吃驚地說：「是嗎？要不讓我幫您辨認一下。」

當「伍子胥」一見東皋公，便眼淚直流，大聲嚷道：「我們相約一道出關，你怎麼現在才來呀？害我莫名其妙地被欺侮，他們直說我是伍子胥。」

東皋公滿臉抱歉地說：「啊，將軍您捉錯人了，他是我的朋友皇甫訥，我們約好在關前見面的，您怎麼把他捉了呢？」

說罷，他從袖口裡抽出一份文牒給還越看，還越這才發現，眞的捉錯人了。

但，一切爲時已晚，因爲眞的伍子胥早已逃出關了。

做人要有心機，做事要有心計

蘇格蘭作家貝利告訴我們：「絕不懷疑的人只看到一半真相，有懷疑的地方才有真理，真理就是懷疑的影子。」

「眼見爲憑」是多數人相信眞相的執著，然而，過度執著於親眼所見的時候，我們其實也經常忽略了一件事，那就是我們的「偏見」，於是以爲看見眞相的我們，反而被虛僞的表相所蒙蔽了。

所以，即使是親眼目睹，在做下判斷或決定前，仍然要多方考量或評估，因爲即使是目睹眞相，其中也有可能藏匿著我們所看不到的假相。

03

不敢動手，就會把機會讓給對手

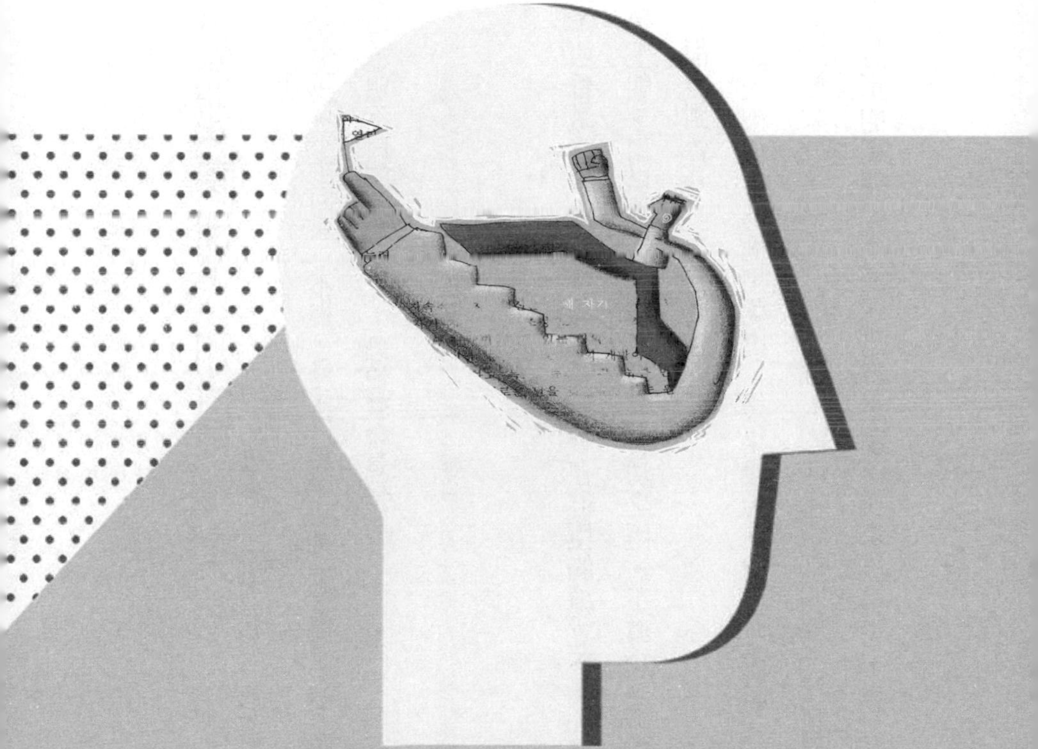

競爭的致勝之道是，比競爭對手動作更快，
而不是努力築起城牆堡壘來防堵對手入侵。
不敢動手，就等於把機會讓給對手。

有功勞，當然要讓別人知道

做了好事，你當然可以不求回報，不過，最起碼這份功勞一定要讓對方知道，否則下一個死得不明不白的「伯仁」，恐怕就會是你。

西元三一七年，西晉滅亡以後，晉元帝司馬睿在群臣的擁立下，在建康（今江蘇南京）建立了東晉王朝。司馬睿稱帝後，封賞有功之臣，王導和王敦兄弟倆、劉隗、刁協、周顗等人都得到晉升。

周顗，字伯仁，起先被任命爲荊州刺史，幾年後升任尙書左僕射。由於他非常喜歡喝酒，經常喝得酩酊大醉，甚至三日不醒，因此人們都叫他「三日僕射」。

不久，被封爲大將軍的王敦因不滿司馬睿壓制王氏家族勢力，遂以誅殺劉隗爲名義，起兵攻打建康。

當時，王導在朝中任司空的重要職務，聽說王敦起兵反叛，怕遭牽連，就先進宮請罪。

王導在宮門口碰到周顗，請他代爲在元帝前說情，周顗沒有吭聲就進了宮。

周顗進宮後，對晉元帝說，王敦謀反王導並不知情，而且王導一向忠誠，所以不應罪及王導。晉元帝聽了，認爲周顗說得有理，就採納了他的意見。

但是，當時朝中主張殺王導的人不少，周顗又上了一道奏章，爲王導辯護，言詞十分懇切。

但這一切王導並不知道，以爲周顗狠心不肯幫他的忙，心中極爲憤恨。

後來，王敦率軍逼近建康。晉元帝派劉隗、刁協、周顗領兵抵禦。結果，劉隗兵敗逃走，王敦攻進建康，殺了刁協，並逼晉元帝拜他爲丞相。

王敦做了丞相以後，心中很忌憚周顗，屢次想殺掉他，但他知道王導和周顗交情不錯，便問王導說：「你看周顗這個人怎樣處置？」

王導想起他請周顗在元帝面前說情，而周顗卻不吭聲的情景，便不置可否。

王敦見此情景，便下令把周顗殺了。

後來，王導知道了周顗當時曾在元帝前力保他忠誠，並上奏章爲他辯護的事，不由得十分後悔地說：「伯仁雖然不是我殺的，但他的死我是有責任的呀！」

做人要有心機，做事要有心計

朋友之間，牽連上了是非對錯，有時因爲人情世故的關係，的確很難做出正確的判斷；幫與不幫，更是難以抉擇，還有可能遭殺身之禍。

周顗雖然對王導的請求不置可否，但到了皇帝面前卻主動爲王導說情，然而這一切王導均一無所知，只道周顗不顧朋友情義，見死不救。「我不殺伯仁，伯仁卻爲我而死」，王導即使後悔也來不及了。

周顗的死，雖然披露了王導王敦兄弟心胸狹隘、冷血無情的一面，但是，周顗遇事之時態度不明確，不也是招來殺身之禍的另一個原因？

做了好事，你當然可以不求回報，不過，最起碼這份功勞一定要讓對方知道，否則下一個死得不明不白的「伯仁」，恐怕就會是你。

針對敵人的特質施展戰術

在這個彼此算計的年代，如果你不懂得用狡詐來「屈人之兵」，說好聽一點的是「老實」，說難聽一點的就是「蠢蛋」。

東漢初年，光武帝劉秀雖然已經取得政權，光復漢室。但當時天下並沒有統一，除了光武帝外，東方皇帝劉永，蜀中皇帝公孫述，燕王彭寵，齊王張步，五郡大將軍竇融，西州大將軍隗囂等均各擁有重兵、占據州郡，打算要和光武帝爭奪天下。有些表面上表示臣服，但仍保留實力，伺機而動。

光武帝胸懷大志，決心要統一全國，於是網羅人才，爭取民心，發揮他善於用人、用兵的才能。把劉永、李憲、盧芳、彭寵、張步、董憲等一個個消滅掉。

接著，五郡大將軍竇融審時度勢，決定歸附了光武帝。這樣，最後只剩下西州大將軍隗囂和占據蜀中的公孫述了。

不久，光武帝派使者來歙去見隗囂，勸他臣服，隗囂見光武帝兵勢強盛，心中雖不樂意，表面上只得答應，而且把自己的大兒子隗恂打發到洛陽，去做光武帝的內侍，實際上是做爲人質。

建武六年，西元三〇年，光武帝平定了中原，環顧天下形勢，因爲有隗囂的大兒子在京城做內侍，隗囂已不足爲患，而公孫述又遠在西南邊陲，天下大局已定，便在和衆將議論：「隗囂和公孫述這兩個人，已經沒有力量阻擋我統一全國了，我可以不把他倆放在心上了！」

過了幾年，光武帝出兵征伐隗囂和公孫述，把這兩股割據勢力全部消滅，整個中國再度統一。

做人要有心機，做事要有心計

劉秀爲求統一江山，可說用盡了智謀，由於敵人的屬性特質不一，所以要採用不同的方式來處理。

隗囂所占之地，靠近劉秀勢力的中心地帶，儼然形成心腹大患，一旦硬拼損傷較巨，即使得勝也不免元氣大傷，而公孫述也在西境虎視眈眈，權衡之下，不見得有利。所以，劉秀以其優勢勸降，威脅隗囂以子爲質。隗囂被掐住了弱點，不得不就範。再以隗囂之力牽制公孫述，如此兩地之力相互抗衡，等到劉秀收編了所有零散勢力，地位日漸穩固之後，隗囂與公孫述即便有意反抗，也不足爲懼了。

《孫子兵法．謀攻篇》有云：「百戰百勝，非善之善者也，不戰而屈人之兵，善之善者也。」

其實，在這個每個人都在彼此算計的年代，不能以武力征服的，靠謀略卻每每制勝，因此，如果你不懂得用狡詐來「屈人之兵」，說好聽一點的是「老實」，說難聽一點的就是「蠢蛋」。

有好的想法，也要有恰當的做法

立意良好，但是方法不恰當出了差錯激起公憤，就很難達到預定的目標。要按部就班收攬民心，不可操之過急，否則必定失敗。

春秋時期，掌握鄭國朝政大權的臣子是子駟。當時大夫尉止與子駟素來不和，多生怨隙，便糾集了宗族內的一夥人伺機發動叛亂，一路打進宮廷之中，不但殺死了子駟等人，並將鄭簡公劫持到北宮軟禁了起來。

司徒子孔因爲事先聽到風聲，所以及時與子產合作，一起平定了叛亂，殺死尉止等叛亂分子。

從此，由子孔掌握鄭國朝政。

子孔製作盟書，規定當朝官員各守其位，聽從他的命令。由於他的命令過於專制，有些大夫和將領不肯順從，他使準備將他們除去。

子產大力勸諫他，請求子孔燒掉盟書，以維持國家安定。

但子孔堅決不同意，並說：「製作盟書才是爲了安定國家，只因爲大夥發怒就燒了它，那麼不就變成由大夥當政，而讓國家爲難了嗎？」

子產說：「衆人的憤怒著實不可冒犯，強制專權的願望必定難以成功。想把這兩件難辦的事結合在一起來安定國家，是很危險的，不如燒掉盟書來平撫衆怒。這樣一來，您能取得所需，大夥也能夠安定下來，不是很好嗎？要知道，觸犯了衆人的意願，是會發生禍亂。請您一定要考慮到大夫們的情緒，聽從他們的意見啊！」

子孔幾經考慮，終於聽從了子產的勸告，當衆燒掉盟書，經過這個政治動作，鄭國內政才漸漸安定下來。

做人要有心機，做事要有心計

子孔爲了避免大夫串連謀反的事件再度發生，所以決定設下諸多規定，以規範每一位官員的工作與權限，如有違反，則遭受處分，但是規矩制定得太過嚴格了，結果適得其反，引來衆怒。

或許子孔的立意良好，但是方法不恰當，出了差錯激起公憤，就很難達到預定的目標。所以子產才會勸諫他，先燒去盟書，攬握了人心再說，否則，一兩個臣子反對，可能還成不了大氣候，如果所有的大夫群起而反對，那麼國家反而更加動亂，豈不危險至極？

所以說改革要適度，要按部就班收攬民心，不可操之過急，否則必定失敗。

多行不義導致眾叛親離

只有心理保持自然平衡發展，才能實踐自己的理想，讓自己趨於成功，也才可能實現人生的真正目的。

春秋時，衛國第十三代君主衛桓公有兩個兄弟，一個是公子晉，一個是公子州吁。州吁仗著身懷武藝，好起糾紛，喜歡打仗，見哥哥桓公老實軟弱，便企圖陰謀篡位。

西元前七一九年，衛桓公動身前往洛陽去參加周平王的喪禮，州吁則在西門外擺下酒席，爲桓公送行。

他端著一杯酒，對桓公說：「今天哥哥出門，兄弟敬你一杯。」

「我很快就會回來，兄弟太費心了！」衛桓公也斟了一杯酒回敬。

說時遲，那時快，州吁趁桓公不備，突然拔出匕首，將他一刀殺死。

州吁殺了衛桓公，便即位做了衛國國君。他害怕遭到國內人民反對，便想藉對外打仗轉移百姓的注意，因而拉攏陳國、宋國、蔡國，一起出兵攻打鄭國。所幸鄭國嚴密防守，因此進攻以失敗告終。

魯國的國君魯隱公聽到這些情況後，有天便問大夫眾仲說：「州吁繼續這樣下去，能長久得了嗎？」

眾仲回答說：「州吁只知道依仗武力，到處興風作浪，老百姓必定不會擁護他。他的爲人又十分殘忍，濫殺無辜，誰還敢去親近他呢？不久之後，不但老百姓反對他，連親信的人也會逐漸離開他，他的政權又怎麼會長久呢？」

眾仲接著又說：「兵，就像火一樣。一味地用兵，而不知道節制收斂，結果必定是玩火自焚。依我看來，失敗的命運正等著他呢！」

果然，不到一年，衛國的老臣石碏，借助了陳國的力量，將州吁殺了。

做人要有心機，做事要有心計

日本心理學家池見酉次郎在他的著作《自我分析》一書中曾經這麼說道：「只有心理保持自然平衡發展，才能實踐自己的理想，讓自己趨於成功，也才可能實現人生的真正目的。」

當一個人良善的光明面遠遠大過於邪惡的黑暗面，他就是一個四處受人歡迎的好人，而當卑鄙下流的思考模式徹底壓制光明正大的念頭時，他就會是一個走到哪裡都惹人嫌惡的小人。

國家不安定，不努力思索治國之道，反而積極對外用兵，企圖扭轉人民的注意力，這是本末倒置的作法。

州吁多行不義，又依恃著武力四處進犯，惹得天怒人怨，百姓自然離心。動盪不安的社會，荒淫無道的國君，百姓生活得痛苦，心中氣憤無處可發，內亂自然就多了起來，內憂外患交相而至，國家當然岌岌可危。石碏借陳國軍隊殺盡昏君佞臣，可以說是州吁眾叛親離的下場。

不敢動手，就會把機會讓給對手

競爭的致勝之道是，比競爭對手動作更快，而不是努力築起城牆堡壘來防堵對手入侵。不敢動手，就等於把機會讓給對手。

蒯通原是齊王韓信身邊的謀士，他見當時韓信的力量逐漸強大，幾乎可與劉邦抗衡，便勸韓信背叛劉邦，自己去爭奪天下，可是韓信一直沒有把他的建議放在心上。後來，劉邦打敗了項羽，卻用計將韓信抓住，以謀反的罪名要殺他。

臨刑之前，韓信歎息說：「我不聽蒯通的話，才有今天的下場！」

劉邦於是下令抓來蒯通，要治他死罪，並對他說：「你教韓信反叛我，我今天就殺死你，看你還有何話可說！」

豈料，蒯通面無懼色，十分鎮靜地說：「那時候我只知道爲韓信著想，並不知道有你呀！再說，秦朝失鹿，天下人都能來競逐，誰有本事，誰先得到。與你爭天下的人，如果因爲力量不夠而失敗，那麼你盡可以殺光他們！」

劉邦聽了蒯通的這一番話，頗爲佩服他的勇氣，便赦免了他的死罪。

做人要有心機，做事要有心計

競爭的致勝之道是，比競爭對手動作更快，而不是努力築起城牆堡壘來防堵對手入侵。不敢動手，就等於把機會讓給對手。

適逢亂世，英雄群起，的確人人都有機會，有爲者奪得天下。韓信的崛起確實令人刮目相看，難怪蒯通對他寄予厚望，希望韓信自立爲王，與劉邦抗衡。

韓信雖然對於自己的將才頗有信心，但是心裡仍顧忌劉邦，猶豫不決，不敢輕易動手。是以後來劉邦翦除異姓諸侯時，首當其衝，最後被構陷謀反，趁機除去。

蒯通雖然被抓，但他仍鎮靜自若，成王敗寇，既然韓信未能成事，受到懲罰，淪爲階下囚也是理所當然，沒有什麼好抱怨的。

不要為了小事而引狼入室

雖然掃除了心腹大患，對手卻藉此壯大聲勢，局勢由兩相抗衡轉變成敵強我弱，真是所謂「以小失大」。

唐朝末年，唐僖宗勢力衰微，已經無法控制全國的局勢，各地的節度使（即地方上最高軍政長官）紛紛形成一個個割據勢力。他們彼此勾心鬥角，爭城奪地，無非是想吞併對方。

當時，魏博節度使羅紹威佔據著魏州等六個州郡，實力不算小，但是仍整日憂心忡忡。因爲，他手下有一支經常不聽指揮，卻又非常驃悍驕橫的衛隊，他深怕有朝一日，衛隊會起來造反。

他決心儘早除去這個隱憂，就派自己的親信臧廷範去見親家梁王朱全忠，希望朱全忠能協助他翦滅手下的衛隊。

朱全忠原名朱溫，是黃巢陣營中的一名將領，後來叛變投降，反過來領兵鎮壓了黃巢，因此被唐僖宗封爲宣武節度使，賜名全忠，不久又被封爲梁王。

朱全忠接見了臧廷範，決定答應出兵幫助羅紹威消滅異己。這時，正巧朱全忠的女兒死了，朱全忠便以辦喪事爲由，讓士兵將兵器藏在大小箱籠裡，一路大隊開拔到魏州。而羅紹威則把衛隊收放在倉庫中的武器及盔甲等破壞，再趁衛隊不備，裡外夾擊，將衛隊全部殲滅。

朱全忠幫助羅紹威翦滅衛隊之後，便把帶來的部隊駐紮在魏州，儼然成了魏州的主人。他以統帥的身分到處巡察，又以征討平亂的名義四處橫行，但是軍隊的糧餉卻要求羅紹威負責供給。

不消半年光景，羅紹威便殺掉了七十萬隻牛羊，供給了一百多萬兩餉銀，將魏州的積蓄全部用光。雖然羅紹威利用朱全忠消除了身邊的隱患，卻引狼入室，等於把魏州拱手讓給了朱全忠。

他因此非常後悔，歎息地說：「就是把魏博六州四十三縣的鐵聚在一塊兒，也鑄不成這樣大的銼（錯）刀呀！」

這裡的「錯」是雙關語，借用爲錯誤的「錯」，是指自己鑄成大錯。

做人要有心機，做事要有心計

羅紹威爲了翦除不一定會謀反的衛隊，未經深思熟慮就引來朱全忠這隻大狼，無疑是引狼入室，自取滅亡。

朱全忠雖爲他雖然掃除了心腹大患，卻藉此壯大聲勢，反將羅紹威所有的勢力收歸已有，無形中局勢由兩相抗衡轉變成敵強我弱，羅紹威算是賠了夫人又折兵。

可是，大錯已然鑄成，即使想要後悔也來不及了，眞是所謂「因小失大」。

剛愎自用、處世浮躁的人，容易在無形之中犯下更多錯誤。

因此，身爲領導者想要採取動作之前，應該先克制自己習性上的弱點，才不會犯下一些不該犯的錯誤。

專橫跋扈只能威風一時

「跋扈將軍」連皇帝的生死都操之在手，難怪他的所作所為朝中都無人敢過問，可謂專橫跋扈至極。

東漢時期，有一個狂妄自大、兇悍蠻橫的將軍，名叫梁冀。他憑著自己的妹妹是漢順帝的皇后，得以擔任過黃門侍郎、虎賁中郎將、執金吾等職務。漢順帝永和元年，梁冀被任命爲河南尹，上任以後，更是爲非作歹，貪贓枉法，以致於聲名狼藉。

梁冀的父親大將軍梁商有位老朋友呂放，身爲洛陽令，對梁冀的行爲很不放心。於是，呂放進京的時候，特意拜會了梁商，將梁冀的所作所爲全告訴了他。梁商聽了很是惱火，就把梁冀找來，嚴厲地訓斥了一頓。

梁冀因此對呂放懷恨在心，暗中派出刺客把呂放殺了。他又怕父親知道，遂藉追捕兇手爲名，將呂放宗族親友等一百多人全部冤殺，竟無人敢究責。

不久，梁商病死，漢順帝讓梁冀接任了他父親大將軍的職務。從此，梁冀掌握了朝廷的軍政大權。

西元一四四年，漢順帝病死，漢沖帝即位。那時沖帝還是個二歲的幼兒，由梁太后代爲執政。然而，梁冀根本不把自己的妹妹放在眼裡，更加專橫跋扈。

只過了一年，沖帝便死了。梁冀爲了繼續操縱朝廷大權，便冊立當時只有八歲的劉纘做爲皇帝，便是漢質帝。

漢質帝雖然年幼，卻很聰明，對梁冀驕橫至極，目中無人的態度，心中著實不滿。一天，質帝當坐朝中，百官朝見完畢，他看著梁冀，怒斥說：「他可眞是個蠻橫無理的大將軍呀！」

梁冀聽了又氣又恨，不好當面發作，又害怕質帝日後會對自己不利，就指使爪牙把毒藥摻入湯餅中，將他毒死了。

接著，梁冀又立劉志爲漢桓帝，從此之後更加驕蠻兇橫，不可一世。他用各種卑劣手段掃除異己，前後共專權二十多年。最後，漢桓帝決心誅滅這個「跋扈將軍」，聯合宦官之力，逼梁冀自殺。

做人要有心機，做事要有心計

俄國作家克雷洛夫曾提醒我們說：「不要把痰吐在井裡，因為，哪天你口渴的時候，也要上井邊來喝水的。」

這番話提醒我們做人做事不要做得人絕，否則自己終將自食惡果。

像梁冀如此擅權之外戚，連皇帝的生死都操之在手，難怪他的所作所爲朝中都無人敢過問，可謂專橫跋扈至極。

然而，風水輪流轉，受其操控的漢桓帝不甘成爲傀儡，暗中集結反對梁冀的人士，加上宦官從旁協助，終於誅殺了這個「跋扈將軍」。

可惜，很快地，大權又旁落至宦官手中，皇帝仍是沒有實權。東漢在外戚與宦官交相爭權奪利，黨爭頻仍的景況下，朝政日益敗壞，終至滅亡。

縱虎歸山後患無窮

把蛟龍放回大海，把猛虎放歸深山，以後再想制服恐怕很難。曹操以為劉備無所成就，一時大意縱虎歸山，使劉備的勢力死灰復燃。

曹操親率大軍戰勝呂布後，劉備跟隨曹操到都城許昌。曹操表面上雖然對劉備非常尊重，實際上卻很不放心，常派人察看劉備的動靜。

當時，被曹操硬逼到許昌的漢獻帝，正下密詔組織一些人，準備誅殺曹操。劉備是漢朝的宗室，也參與了這一個秘密活動。爲了避免曹操的懷疑，他常常關著大門，躲在院子裡種菜，裝出胸無大志的樣子。

但曹操手下的謀士程昱早看出劉備不是平凡之人，對曹操說：「我看此人志向不小，頗有點英雄氣概。如果現在不殺他，將來必成禍患。」

曹操一時拿不定主意，於是徵求另一位謀士郭嘉的意見。郭嘉卻認爲，現在正是用人之時，劉備是英雄，失敗了才投奔曹操，如果殺了他，會落得個害賢的壞名聲，沒有什麼好處。

曹操認爲他說得對，於是打消除去劉備的念頭。

不久，袁術因爲被曹軍打敗，想去投奔袁紹。曹操不願讓袁術、袁紹兩股勢力聯合，準備派兵去攔截袁術。

一心想脫身的劉備見機會來了，趁機對曹操說：「袁術投奔袁紹必定會經過徐州，請將軍撥給我一些兵馬，在半路上截殺，保證能捉住袁術。」

曹操不疑有他，遂奏明獻帝，讓劉備帶領五萬人馬前往徐州。劉備立即匆忙率軍準備出發。

關羽、張飛看到他慌忙的樣子，不明白原因，問道：「大哥此次出征，爲何如此急急忙忙？」

劉備解釋說：「我在曹操手下好像是籠中的鳥、網中的魚，一點也不安全，更無法施展自己的本事。這次出征，就好比魚兒回到了大海，鳥兒飛上了天空，可以任意暢遊翱翔，再也不會受人限制了。」

劉備剛走，郭嘉、程昱二人從外地趕回許昌。他們一聽曹操放走了劉備，急忙去見曹操。

程昱對曹操分析說：「從前劉備做豫州牧時，我等曾請求您把他殺掉，丞相沒有聽從，如今您又給了他許多兵馬，這等於把蛟龍放回大海，把猛虎放歸深山啊。以後再想制服他，恐怕很難辦到了！」

郭嘉接著說：「雖然丞相不一定要殺他，但也不該輕易放他離去。古人說得好，一旦放跑了敵人，就會帶來無窮的後患。」

劉備果然如程昱及郭嘉所料，利用這個機會重整自己的兵馬，向西穩固自己的勢力，最後形成三分天下的局面。

做人要有心機，做事要有心計

一個處心積慮想陷害、攻擊你的壞人，他瞭解你的弱點，絕對比那些只會向你逢迎拍馬的朋友要強得多，因此，從劉備的角度來看，像曹操這樣的「壞人」，又何嘗不是幫自己戒愼惶恐的另類貴人。

人在邁向成功的過程中，所必須具備的堅毅特質之一，就是必須堅持自己的理想，勇敢地去面對別人的威脅。

劉備工於心計，能屈能伸，一旦勢力不如人，則韜光養晦，收斂銳氣，降低敵人防心；待力氣蓄足，一有機會，則掙脫束縛，展翅高飛。

曹操以爲劉備已無所成就，豈料一時大意縱虎歸山，使劉備的勢力死灰復燃，下了一著錯棋，便難以再維持獨霸的局面。

程昱與郭嘉果然一語成讖，脫逃的劉備以曹操所撥的軍馬爲本，加上求賢任明，實力不斷增強，最後更聯絡得東吳相助，反而成爲反抗曹操最大的勢力。

只會觀望，就免不了失望

任安接受了請託，卻又三心二意，怕會遭受牽連，於是遲遲觀望，毫無動作，就在他這麼兩相躊躇之下，太子果然兵敗，而他也因而被殺。

漢武帝晚年，身體很不好，人也開始昏庸起來。他寵信奸臣江充，江充利用漢武帝懷疑有人要謀害他的心理，說武帝得的病，是那些暗恨他的官吏和百姓在地下埋了木頭人暗加詛咒的結果。

於是，武帝便派江充去調查這件事，江充心狠手辣，藉機誣陷，將平時和自己作對的人，一個個全殺了，前前後後竟殺了幾萬人。

當時，太子劉據和江充也是死對頭，於是，江充便向在甘泉宮養病的漢武帝誣告，太子宮中也埋有木頭人，想置太子於死地。

太子在忍無可忍之下，遂發兵把江充殺了。

江充的同黨急忙去向漢武帝稟告，欺騙武帝說太子起兵造反。武帝信以為真，便派丞相劉屈帶兵去捉拿太子。太子被逼率軍抵抗，雙方激戰了好幾天，太子兵敗逃走，後來在湖縣被殺。

太子劉據在發兵抵抗之時，以「皇上病重，奸臣作亂」的名義來肅清權奸，曾親自到當時負責守衛京城的北軍使者護軍任安的營寨中，授予他兵符，要他發兵支持。任安雖然拜受了兵符，但是卻拿不準交戰的雙方誰是誰非，因而遲遲不肯發兵，最後反而閉寨不出。

後來，漢武帝帶病回到京師，認為任安只是假意接受了兵符，並沒有真正依附太子，就沒再追究。

可是，任安軍中有一名負責管理錢糧的小官，以前曾受過任安的鞭打，因此懷恨在心，向武帝告發，說任安曾答應太子出兵。

武帝看了這封告發信，大怒說：「任安是資格很老的大臣了！他卻如此老奸巨猾，眼見戰事發生，反而腳踏兩條船，坐觀成敗，準備哪一方打贏，就投靠那一方，如此懷有二心的人，留他不得！」

於是，武帝下令逮捕了任安，把他殺了。

做人要有心機，做事要有心計

太子劉據遭江充惡意誣陷，毫無退路，爲求生存的一線機會，只好先發制人，起兵肅清奸佞。

任安統領北軍，對於成敗具有舉足輕重的地位，但他卻未能及時審定時勢便接掌了兵符，接受了太子的請託，後來卻又三心二意，怕太子若失敗會遭受牽連，於是遲遲觀望，毫無動作。

就在他這麼兩相躊躇之下，太子果然兵敗，而他也因而被殺。

所謂「一不做，二不休」，如果任安覺得太子所爲不正確，就應該極力勸阻，而非接下兵符，既然已經答應了太子的請託，就不應臨陣退縮，按兵不動，因爲他已經很難置身事外了。

04

活用別人的智慧，為自己創造機會

如果沒有用人之術，縱使心力交瘁也不會得到好的效果。善於運用他人智慧，才是一個領導者的成功要訣。

「反向思考」的引導技巧

如果在人生道路上，眼前的路都已經標明「此路不通」，我們何不立即折返，逆著方向，重新找尋人生出口呢？

依你看來，「往上爬」與「往下爬」之間有什麼不同？

當然，對某些人來說差別很大，但對有些人來說，上、下之間其實是沒有差別的，因爲只要運用得宜，即使步伐上上下下，都能達到理想的目標。

有個瘋子爬上了樓頂，樓下聚集了好奇的人群，消防隊與警察們也趕來了，其中有位是瘋子的母親，她正悲傷地向兒子吶喊請求：「危險啊！兒子！快下來啊！」

當樓下的消防人員爲他辛苦地張起救生網時，瘋子突然大喊：「讓我當警長，不然我就馬上跳樓。」

緊張的群衆深怕他眞的從樓頂跳下來，於是有人提議說：「就讓他當吧！先哄他下來最重要！」

這時，有個老人家卻說：「沒用的，他不會下來啦！」

雖然被老人家潑了個冷水，但是爲了救人，他們仍然叫喊著：「好，就讓你當警長，你快下來吧！」

沒想到，瘋子改口說：「我不要，除非你們讓我當市議員！」

老人一聽，笑著說：「我沒說錯吧！」

接下來，一如老人家的預言，人們每答應他一個職務，瘋子的要求便會改變一次，看來，這個「瘋子」似乎是不想下來！

最後他說道：「好！你們如果不讓我當皇帝，我就要跳下來了！」

只見消防主管大喊道：「好，你現在就是皇帝了！快下來吧！」

然而，瘋了接下來的回應，卻讓消防主管當場呆住，因爲他說：「哈！我這麼高貴，怎麼能下去跟你們這些傻瓜爲伍呢？既然我是皇帝，那我愛什麼時候下去就什麼時候下去，你們管得著嗎？哼！」

隊長一聽這番歪理，忍不住轉身看看老人，並問他說：「您有沒有什麼方法，可以把他騙下來？」

老人說：「有！」

於是，他對坐在七樓頂端的瘋子，大聲喊：「陛下，您願意『爬上』六樓嗎？」

沒想到瘋子居然很認真地想了想，接著說：「好的！」

然後，他便「爬上」到六樓來，接著老人又繼續喊道：「請問陛下，您願意再『爬上』五樓嗎？」

瘋子仍然不疑有他，嚴肅地說：「好的！」

就這樣，他一層又一層地爬回到地面。

做人要有心機，做事要有心計

很有意思的一則故事，沒想到一個「爬上」的表面意思，可以這麼輕鬆地解決幾十個人的難題。這說明了沒有解決不了的問題，只有不會解決問題的人。

也許有人要問：「爬上？很簡單啊！那有什麼特別的？」

「爬上」這兩個字當然簡單了，不過用在老人的救人技巧中，就顯得非常不平凡了。如果換成「爬下」，對自居爲皇帝的瘋子來說，就成了不敬的詞語，用了這兩個字，人們也別想把騙他下來了。

但是，用了「爬上」就不同了，這兩個字對這個他來說，卻成了一種尊貴的用詞，雖然是從「七樓」來到「六樓」，但是對這失去判斷能力的人來說，他們總是忽略了這些「小地方」的差異，而老人自然能很輕鬆地完成了任務。

如果在人生道路上，眼前的路都已經標明「此路不通」，我們何不立即折返，逆著方向，重新找尋人生出口呢？

尋找答案，不妨多繞一圈

發現問題時，我們可以多想一想；尋找答案時，更要多繞一繞，因為，通往目標的終點站不會只有一條路。

左右逢源的智慧，在於讓人生的路多一條選擇的機會，只要你的方向清楚，不管是往前直行，還是向後退，我們都能安全無慮地到達最終的目標。

有個大方的國王，對他的子民說：「如果有人能說出一件十分荒唐的事，讓我認爲你在說謊，但又無從反駁，我就把江山分一半給他。」

不久，有個文官前來挑戰，他對國王說：「親愛的國王，我有一把神奇的長劍，只要我朝著天空一指，天上的星星就會全部落下來了。」

國王一聽，笑著說：「是嗎？那不稀奇，先王有個煙斗，只要他含著煙嘴，然後把煙頭對準太陽，太陽就會幫他點燃啦！」官員聽完後，一句話也說不出來。

過了幾天，有個大財主自信滿滿地來找國王挑戰：「國王啊！對不起，我本來想早點到的，但是昨天下了一場大雨，閃電把天給撕破了，我忙著請一位裁縫師修補好，所以來遲了。」

國王笑著說：「喔！辛苦你了，但是，我記得早上起床時，外面還在下著雨耶！看來，你的裁縫師沒有把天空補好喔！」

大財主也被打敗了，只好訕訕地離開。

最後一天，有個農夫拿著一個米缸來求見，當國王看見他時，好奇地問：「您拿著這個米缸要做什麼？」

農夫笑著說：「這個啊！國王，您忘了嗎？您還欠我一缸金豆啊！」

國王反駁道：「一缸金豆？我哪有欠你一缸金豆？你說謊！」

農夫一聽，連忙說：「喔！真的沒有嗎？那您是不相信囉！既然如此，那就請您賜我一半的江山吧！」

國王一聽，才反應到自己被騙了，連忙改口：「沒有，我相信你！」

只見農夫又笑著說：「喔！您相信我說的話囉！那就請您還我一缸金豆吧！」

做人要有心機，做事要有心計

從聰明的農夫身上，你發現了什麼？

有人說：「在聰明人的問題中，總是包含了一半的答案。」

把這句話修改一下，我們可以這麼說：「聰明的人在發問時，早已技巧地引導答應的人說出他想要的答案。」

不管是半片江山還是一缸金豆，聰明的農夫皆有收穫，而生活在現實生活中的我們，是否也能像農夫一樣，讓每件事不管成功或失敗皆有所得呢？

發現問題時，我們可以多想一想；尋找答案時，更要多繞一繞，因爲，通往目標的終點站不會只有一條路，就像農夫一樣，或許你倒著走，反而會比走正常道路更快抵達目的地呢！

看懂人性心理，機會就多一些

了解對方的心理，才能讓我們能預作準備，即使狀況百出，也都能逢凶化吉，迎刃而解。

孫子兵法裡有云：「不知彼，不知己，每戰必敗！」

懂得人性心理，不僅可以讓自己多一點保障，更能讓我們在爭取勝利時，比別人多一半的勝出機會。

一個剛收完帳款的商人，臨時被通知要到外地去洽商，但是手上的一大筆錢，實在不方便帶在身上。最後，他決定把錢藏在一個被公認爲品行忠厚的老人家屋外，在那兒挖了一個洞，把錢藏在裡頭。

當商人在挖洞藏錢時，老人從窗口看見了，最令人意想不到的是，他在商人離開後，便立即把錢全部偷走。

幾天之後，商人回來了，發現錢不翼而飛，著急得不知道要如何是好。只見他煩惱地走進老人的屋內，向他請教：「先生，我有件事想請教你。」

老人回答：「說吧！」

商人誠懇地說：「我是來這裡採購的商人，之前我帶來了兩袋錢，一個裝有六百塊金幣，另一個則放了一千塊錢幣。因爲我在這裡舉目無親，也找不到可以信任的人代我保管，所以我把那袋六百塊金幣，埋在一個不爲人知的地方。但是，現在我卻不知道要不要把另一袋錢藏在相同的地方，還是再找一個地方埋藏，又或是找個誠實的人代爲保管。」

老人冷靜地說：「嗯！你想聽我的意見？最好別將錢交給人家保管，我想，你還是藏到你第一個藏寶的地方吧！」

商人滿臉感謝地說：「謝謝，我一定照你的話去做。」

商人一離開，老人便開心地想：「如果他將第二袋錢送到老地方埋藏時，發現原來的那袋錢不見了，那他就不會把第二袋藏在那裡了！嗯！我還是快點把第一袋錢放回原處，這麼一來，這個天下第一號傻瓜就會把第二袋錢藏在那裡，而我就可以將兩袋錢統統弄到手囉！」

於是，老人立即將偷來的錢放回原處。

至於商人，他也正在盤算著：「如果眞是這個老人偷的，那麼他肯定會爲了拿到第二袋錢，把第一袋錢再放回原處，企圖誤導我。」

於是，商人回到藏錢的地方，果然看到失而復得的錢袋，高興地喊著：「好心的人啊！感謝您把東西送還給我！」

做人要有心機，做事要有心計

中國有句諺語說：「見人說人話，見鬼說鬼話。」

這句話雖然是一句貶人的話，但卻被熟諳權謀的人奉爲「葵花寶典」。

因爲，在險詐的人際社會，妥善運用「見人說人話，見鬼說鬼話」，無疑是保護自己權益的一種有效方法。

就像故事中的老人一樣，在這個爾虞我詐的社會裡，許多看似忠厚的人，其實並不像我們認知的那樣善良，也經常受到物質慾望的誘惑，一個人如果不具備「見什麼人，講什麼話」的本領，就無法讓自己在現實環境中左右逢源，也不可能有失而復得的機會。

像似諜對諜的兩個人，其實同樣以心理戰術來較量，只是，老人家看得見埋藏金幣的地點，卻看不見埋藏在商人心中的計謀，當他開心地以爲，可以再次騙得金錢的時候，卻同時也落入了商人的圈套中，讓錢包「物歸原主」。

這正是知己知彼的要訣，因爲了解對方的心理，才能讓我們能預作準備，即使狀況百出，也都能逢凶化吉，迎刃而解。

活用別人的智慧，為自己創造機會

如果沒有用人之術，縱使心力交瘁也不會得到好的效果。善於運用他人智慧，才是一個領導者的成功要訣。

善於運用別人的智慧，並讓別人的才能盡力發揮出來，便是一個成功的領導者，因爲這樣的人一定懂得駕馭時勢，更善於把握每個讓自己成功的機會。

封建時代，王朝更迭，代代皆有風雲人物。

據相關史書記載，建立中國第一個中央集權王朝的秦始皇，並不是秦昭襄王的兒子，而是呂不韋的兒子。

由於呂不韋精明靈活、善於權變，處理事情適時得當，沒有多久便積聚不少財富。然而，呂不韋並不因此而滿足，因爲對於政治極有企圖心的他，認爲要有足夠的財富才不會被人看扁，否則接觸高層人物的機會仍然是零。

於是，他拿出一部分財產，積極討好主政者，也受到主政者的賞識，只是事情並未像他剛開始想的那麼簡單，爲了自己的前途，呂不韋於是將懷孕的妻子送給秦昭襄王，她便是驪姬。

驪姬入宮之後，果然深受寵愛，秦昭襄王很快地便封呂不韋爲相國，入宮主事，不久驪姬便生下一子，便是後來的秦始皇嬴政，史料上寫著，他明爲秦昭襄王之子，實爲呂不韋的兒子。

善於審時度勢，懂得隨時轉換策略的呂不韋還曾編寫一則廣爲流傳的寓言，其中便說明這種順應環境，改變自己策略的情況。

寓言說，從前有個楚人要渡江，不料船行到江心時，忽然吹起了大風，這位楚人心中一慌張，隨身佩劍一不小心竟掉入了水中。

自以爲聰明的這個楚人便連忙在落水的地方做了一個記號，問題是，這記號居然是刻劃在船邊，等到船靠岸後，這人再順著船上的記號，潛入水中去找尋配劍，結果當然是一無所獲了。

呂不韋借用這則寓言來告戒人們，順應時勢變化的重要性，無論身處怎樣的時局，每個人都應當懂得駕馭時勢，適時變化。

做人要有心機，做事要有心計

性情急躁的人最常患的毛病就是情緒容易失控，一遇到不如自己心意的事情，就會心煩意亂，失去主宰自己行爲的能力。

思緒不清的結果，自然會造成沉重的心理壓力，不滿意別人的成果，凡事都想親自動手。這樣的人通常眼高手低，就像《呂氏春秋》裡描述的那位男子，即使是極爲單純的小事，也會被自己弄得一團糟。

《韓非子》也有一則故事，當年魏昭王曾將宰相召來，對他們說：「愛卿，寡人欲兼理官事，卿等以爲如何？」

宰相聽完，皺眉答道：「陛下，如欲親理官事，則陛下須先研究律法律典。」

於是，魏昭王找來律典翻閱，結果才讀了十幾頁，便疲倦不堪，昏然欲睡，不得不放棄這個念頭，說道：「寡人不善研究法律，罷了。」

韓非子在書中認爲：「君王如有用人之術，即使偶爾貪戀女色，也不會對統治有所窒礙，但君王如果沒有用人之術，那麼，縱使他嘔心瀝血、心力交瘁，也不會得到好的效果。」

所以，善於運用他人智慧，並將其才能盡力發揮出來，才是一個領導者的成功要訣，就像當年劉備帶領關羽、張飛等人三顧隆中草廬，請諸葛孔明出山，也正是要借用其智慧，助劉備爭取天下，復興漢室。

接受委屈，是為了獲得最後勝利

「忍為貴，曲則全」，當你遇到氣憤難平的事，千萬別逞匹夫之勇，記得忍一時風平浪靜，退一步海闊天空。

面對外界的刺激，一般人往往過於衝動，盲目追求眼前利益，以致於到頭來一無所獲，其實只要能明白事情的根本，在生活中實踐「委曲求全」的作戰方式，就能達到最終的目的。

當年齊國想要攻打宋國，燕王派遣張魁作為使臣，率領軍隊幫助齊國，沒想到齊王卻把張魁給殺了。

燕王得知後非常氣憤，誓言要攻打齊國，為張魁報仇。

大臣凡繇得知後，便謁見燕王，勸諫說：「我一向認爲您是賢德之君，現在看來，您不再是我心目中所仰慕的人，我不願再當您的臣下了。」

燕昭王問說：「爲什麼這樣說呢？」

凡繇回答說道：「松下之亂，我們先君被俘，您對此深感羞愧，但因爲當時我們國家實力太薄弱了，所以不得不侍奉齊國，但是現在張魁被齊國所殺，您卻想要攻打齊國，這難道不是把張魁看得比先王還重要嗎？」

燕王問道：「照你這樣說，我們不能出兵，又應該怎樣辦才好呢？」

凡繇說：「請您穿上喪服住在郊外，派出使臣到齊國去謝罪，對齊王說：『大王您是賢德之君，想必一定不會隨便殺死諸侯使臣的，今日我國使臣被殺，一定是我們擇人有誤，今天我們特別改換使臣表示謝罪。』」

於是，燕王忍氣吞聲，派遣了使臣到齊國拜見齊王：「我們君主非常恐懼，因此派我來向大王請罪。」

齊王聽後洋洋得意，派了一位職位極低的使臣赴燕國表示寬恕之意。

爾後燕王極力振作，尋訪賢才，不到幾年的時間，燕國逐漸繁榮昌盛，在濟水一役把齊國打得落花流水。

做人要有心機，做事要有心計

如果，當時燕王非要逞一時之勇，在沒有做好充分準備的情況下就去攻打齊國，恐怕早已全軍覆沒了。

歷史上，這類以柔克剛、以弱勝強的例子非常多，所以，人們常說「忍爲貴，曲則全」，自然有其道理，當你遇到氣憤難平的事，千萬別逞匹夫之勇，記得忍一時風平浪靜，退一步海闊天空。

當然，委曲求全的背後，必須要有更崇高的目的，是爲了獲得最後勝利，所不得不採取的權宜之計，而不是爲了息事寧人而一味委屈自己、成全他人，否則就成了人人瞧不起的懦夫了。

急流勇退才不會無路可退

人往往看不清大局形勢，更高估了自己的能力，不能居安思危，在最恰當的時機急流勇退，等到時機已過，反落入困境中。

許多人往往被事物的表象所迷惑，看不清形勢而高估自己的能力，不知道在最恰當的時機「急流勇退」，以致於最後落得「無路可退」。

「當退則退」是處世的明智之舉，像越王勾踐爲雪國恥而臥薪嘗膽，范蠡身爲大夫，也竭盡所能爲國家出謀劃策，最後用美人計讓吳王失去戒心，也給了勾踐一個重新站起來的機會。

當西施在范蠡的接應下回到故土時，他們協助越王一雪國恥，舉國上下歡喜異常，兩人自然備受讚譽。

然而，位高權重的范蠡卻不是非常高興的，他心中有一個想法，總覺得一切還不安穩，因此心中並不平靜。於是，有天他跟越王說：「大王，吳國已滅，國恥已雪，放眼國內更是國泰民安，臣想辭職隱居，過安逸的田園生活。」

越王吃驚地問：「愛卿何出此話？你和西施成親後，仍然可以享受快樂的生活，為什麼非要辭官呢？」

然而，不管越王如何極力慰留，范蠡仍然辭意甚堅。

越王只得說：「既然愛卿執意要走，朕也就不勉強你了。」

其實，聰明的范蠡非常懂得為官之道，因為他知道「當退則退」的時機。

然而，有很多人卻看不到這一點，多數人習慣趁勢求高官、享厚祿，居功自傲，最終卻招來殺身之禍，一如韓信。

韓信是劉邦麾下的名將，在劉邦危急之時，因為感到自己地位和重要性扶搖直上，居然進一步挾兵自恃，要求封「假王」。

然而，劉邦卻說：「大丈夫要封就封真王！」

迫於時局，他果然爲韓信封了王，江山底定後卻使計騙韓信，隨後殺之，而這正因韓信沒有認清形勢，該退不退，爲自己招來無端的殺身之禍。

做人要有心機，做事要有心計

俄國諷刺作家契訶夫在小說中曾經這麼寫道：「人性並不完美，如果你的眼中看見的都是正人君子，那麼，就註定你要因為自己不長眼睛而遭殃。」

這個世界是善良的人和卑鄙的人共存的，以任何先入爲主的觀念去看待一個人，只會使自己蒙受損害。

人往往看不清大局形勢，更高估了自己的能力，不能居安思危，在最恰當的時機急流勇退，等到時機已過，反落入困境中。

所以，我們應當學習范蠡的智慧與遠見，避免步入韓信驕矜自滿的錯誤。當退則退，不要急功好利，更不要自恃自滿，因爲太過自負，會讓你失去了危機感，爲自己埋下更大的危機。

爬越高，越要小心別往下掉

爬到高處時，更應該特別注意自己的言行，不要因為貪圖一時的享受而害自己從高處掉下來。

當你好不容易爬到高峰時，應該特別注意，不要因爲一時的慾望而失足，落得累己累人，最終走上毀滅的道路。

一家國營企業的經理黃某，長得文質彬彬，戴著一副金邊眼鏡，略帶有儒雅風範，但誰也沒有想到，卻因爲收受鉅額的賄賂而被捕。

平時作風嚴謹的黃經理，看似待人和藹可親，卻只能說他「演技一流」。

黃經理初上任時相當認眞，平心而論，這個經理位置其實是他應得的。

只是，隨著時間轉移，黃經理再也坐不住了，心裡裝的不再是工作，而是如何尋求更多更高的物質享受，他的眼光也不再盯著文件報表，而是緊緊追隨著身邊往來打扮入時的女郎。

有次，某個建築公司的經理帶著美麗秘書來到黃經理的辦公室，在財色兼施的情況下，黃經理很快的走上了收賄的不歸路。

黃經理從此開始沉迷女色，沉迷夜店流連忘返，當妻子知道事情之後，雖然曾好言相勸，但是他已經吃慣了甜頭，怎麼勸都聽不進去。

黃經理對於妻子的規勸，不但置之不理，反而變本加厲，天天吃喝玩樂，縱情聲色。雖然在人前，他仍是一位好主管，仍然表現著溫文儒雅的領導風範，但是誰也不沒有想到，眼前的經理早已墮落了。

最後，妻子毅然結束了夫妻關係，當離婚的消息傳到了公司裡，同事們都相當驚訝，只是這畢竟是家務事，外人不好插嘴。

不過，終究有人發現了黃經理的作風改變，還發現他的私生活不檢點，別間公司的秘書，竟然經常出入他們的公司，而且頻頻出現在經理辦公室，不免引起人們的懷疑。於是，公司暗中調查，眞相終於查出了，黃經理也終於被繩之以法。

做人要有心機，做事要有心計

有句話說：「權力使人腐化，絕對權力使人絕對腐化。」黃經理正是因爲嘗到權力的甜頭，忘記伺伏的危機正虎視眈眈。

從故事中我們可以發現，當你好不容易爬到高處時，更應該特別注意自己的言行，對自己的行爲標準要設定得再高一些，不要因爲貪圖一時的享受而害了自己。

在經濟高度發展的現代社會，人際交往日益複雜，形形色色的物欲誘惑比以前更多。如果不想從高處跌下來從此一蹶不起，我們更得要求自己「潔身自愛」。

鼓勵才是最好的激將法

「鼓勵」是改變一個人的最好方法，所謂的激將法，絕對不是僅限於羞辱或怒罵，因為用這些方法被刺激奮發的人總是少數。

如果一句話能改變一個人，那麼我們更應該謹慎地說出每一句話。如果一句話能改變一個人，那麼，我們何不仔細地想想，要怎樣用這一句話來鼓舞人心呢？

馬爾康姆．達柯夫是個廣告創意人，二十四年來都以寫作維生。

朋友們都知道，達柯夫小時候，是個缺乏自信的男孩，個性怯懦、害羞的他，連一個朋友也沒有。

有一天，中學老師布羅赫太太要求同學們寫一篇作文，達柯夫當然也乖乖地交卷了，然而誰也沒有想到，從那一刻起，達柯夫的人生轉捩點出現了。

當批改過的作文發下來時，達柯夫赫然發現，布羅赫老師在作業上寫了這樣的評語：「寫得非常好！」

這句「寫得非常好」，從此改變了達柯夫的人生。

之後達柯夫回想：「在看見那四個字之前，我從來不知道自己有什麼長處，也不知道自己將來要做些什麼。但，當我看到老師的評語之後，似乎有股力量在燃燒著，我一回到家，便立即寫了一篇短篇故事，這個故事是我很久以前就想寫的，只是，我一直懷疑自己的能力。」

從那一年開始，達柯夫的生活完全改變。

達柯夫說：「當時，我每天都在寫短篇故事，只要作品一完成，我就會拿去請布羅赫太太審閱，在她的鼓勵與鞭策下，我未來的目標也越來越明顯了！」

達柯夫很激動地說：「她正是我等待許久的啓蒙導師啊！」

之後，從校刊編輯開始，達柯夫的信心逐漸地加強，心胸也一天一天地開闊起來，生活也越來越愉快。

一直到今天，他都堅信，如果當初不是布羅赫太太寫下的那四個字，就不會有今天的馬爾康姆．達柯夫！

做人要有心機，做事要有心計

人際關係專家菲利浦．康迪特強調，左右逢源的致勝之道是，透過鼓勵激發別人的能量，然後運用這些能量幫助自己成功。

「鼓勵」是改變一個人的最好方法，沒有人會喜歡被斥責，也沒有人喜歡被嘲諷，所謂的激將法，絕對不是僅限於羞辱或怒罵，因爲用這些方法被刺激奮發的人總是少數，相反的，這個方法造成的反效果往往最大。

那麼，怎樣才是最好的激將法呢？

「鼓勵」才是最好的激將法啊！就像達柯夫的老師一樣，幫助學生發掘自己的眞正潛能，並給予最眞誠的鼓勵與支持，這才是絕佳方法！

換個路線才能左右逢源

恃才傲物的人，總是看不見眼前的危機，沒有人應該比我們低下，我們也沒有任何理由可以輕視他人。

面對強大的敵人，我們不必自卑，正如面對弱小的對手，我們也沒什麼好自傲的。當你自以爲強大，而對別人不屑一顧時，就往往忽略了別人的突出與不凡，即使你認爲自己早已贏在起跑點上，但是如果抱持驕傲的心態，就會輸在最後的終點猶不自知！

有隻一尺長的小青蛇，正要爬過一個螞蟻窩，上面的螞蟻看起來非常忙碌，黑鴉鴉的一片，似乎正在搬家。

但是，小青蛇一點也不理會這些螞蟻，仗著自己的身軀大，在蟻群間肆無忌憚地扭動，還壓壞了蟻窩。

原來是一行有組織的螞蟻，因爲這個龐然大物的闖入而警戒了起來，爲了保護家園，所有的小螞蟻全圍到小青蛇的身邊。

然而，小青蛇認爲這些小螞蟻不足爲懼，於是抬起頭，並吐出長長的舌頭，想嚇跑這些擋住去路的小螞蟻。

但是，小螞蟻們完全不怕，反而越聚越多，不一會兒的時間，小青蛇便淹沒在黑壓壓的蟻群中。雖然，小青蛇曾用力地扭動身體，但小螞蟻們更加拼命用細尖的嘴，用力地咬住青蛇。

最後，小青蛇再也動不了了。

做人要有心機，做事要有心計

國際知名管理大師彼得．杜拉克告訴我們一個簡單，但是必須謹記的競爭法則，他說：「一個人若只會思索如何維持現有的成就、優點與視野，那麼，他就失去了順應潮流的能力。」

我們可以看見，失去了順應潮流能力的人，通常都是驕蠻自大的。驕兵必敗，因爲恃才傲物的人，總是看不見眼前的危機，就像小青蛇自以爲是「龐然大物」時，便忽略了一件事，那就是「團結力量大」。

沒有人應該比我們低下，我們也沒有任何理由可以輕視他人，因爲在平等的生命起源上，老天爺都給予了每個人無限的生命價值。

因此，不管背景如何不同，不管誰的條件比較優越，我們都沒有驕傲的資格，一如小青蛇，如果他願意謙退一步，換個路線前進，或是先讓小螞蟻通行，不僅能保住性命，說不定還會贏得更多的支持呢！

05

不要曝露
自己的秘密武器

一個人如果過於直白，實際是自我暴露，
是把自己的一切翻出來給你的對手看，
使你的對手在未來的爭鬥中一槍便打準你的要害。

利用別人的知名度替自己背書

站在自己搬來的石頭上，有可能讓你急速升高，但是有朝一日砸到你腳趾頭的，也可能會是同一塊石頭。

聰明的人遇到瓶頸之時知道如何變通，他們會製造一個有利於自己的條件，藉著別人的力量達成自己想要的目標。

做人做事應該懂得讓腦袋適時轉彎，爲自己眼前的困頓找出路，其實並沒有想像中那麼複雜或困難，有時候只要耍點小技巧，就可以達到收攬人心的效果，讓別人樂於向自己靠攏。

在這個時代，每個人多多少少要懂得一點行銷，如果你自己不會推銷自己，有誰會主動扶你一把？

眞正的行銷高手，就是讓你不知不覺拉了他一把，卻還要去感謝他的人。

有個證券公司的業務專員，剛進入這一行，業績總在門檻邊徘徊，這種情況使他十分著急。但是，這個行業競爭實在太激烈了，即使卯足全力，仍然不是說進步就可以進步的。

想不到才過了一陣子，這個業務專員竟有如天助似的，業績突飛猛進，客戶一個接一個主動送上門；不到一個月，他便轉黑爲紅，成爲全公司業績最好的業務員。

經理覺得非常不可思議，自認在這行幹了幾十年，底下的人來來去去，從來沒見過一個剛入行的人會突然莫名其妙地大紅大紫，於是就暗中注意他是用什麼方法吸引客戶的。

他發現，這名業務專員經常帶客戶到辦公桌前談事情，只是辦公室裡每個座位都是單獨隔間的，就算經理有事沒事找機會經過業務專員的桌旁，也無法聽見他對客人說了些什麼特別的話。

終於有一天，經理趁著業務專員不在辦公室時，特意走到他的辦公桌前，仔細端詳一下。

才剛走近他的辦公桌，經理便「噗嗤」一聲笑了出來，自言自語道：「好小子！眞有你的一套。」

原來，業務專員在自己的桌子上，擺放許多自己和家人的生活照。巧妙的是，在這些生活照之中，又醒目地穿插擺著幾張在不同場合拍攝的照片，照片裡的業務員衣著筆挺，在身旁和他勾肩搭背的，竟然是一位家喻戶曉的股市大亨。

當客戶坐到他桌前和他談生意時，看到這些照片，心中自然會認定他和這位股市大亨的交情匪淺。這時，客戶會想，這麼有「來頭」的業務員，還有什麼理由不放心地把生意交給他呢？

做人要有心機，做事要有心計

這個業務專員懂得踩在巨人的肩膀上，利用別人的知名度來替自己背書；看到他和赫赫有名的股市大亨稱兄道弟的模樣，有幾個人能不上鉤？這可是千載難逢的好機會啊！想到自己就快要跟得上股市大亨的腳步，大多數客戶根本不會讓自己有任何懷疑的空間。

是不是？不知不覺中，每個客戶其實都拉了這個業務專員一把，還回過頭來拜託他多多照顧呢！

雖然站上成功的第一步很容易，但是，要安穩地攀爬成功的階梯，卻不是那麼容易。想想看，如果客戶把大筆資金交到業務專員手上，卻發現沒有賺頭，甚至連連慘跌，這位業務專員的招牌還保得住嗎？下一次，就算再祭出什麼樣的大人物，又還有誰會相信他呢？

因此，必須注意，站在自己搬來的石頭上，有可能讓你急速升高，但是如果沒有真實本事，有朝一日砸到你腳趾頭的，也可能會是同一塊石頭。

先學做人，再學做事

先學會做人然後再學做事，因為懂得做人的人，即使不懂得做事，也一定會有很多人搶著替他做。

最大的付出是不求回報的付出，最大的回報也往往是意料之外的回報。想要成功，就必須先掌握做人的竅門，也就懂得如何籠絡人心。

史密斯才能平平，沒什麼特別的專長，但是他的個性溫厚，對人彬彬有禮，所以人緣相當不錯。他從學校畢業後，在一家小小的精品店做門市人員，由於笑容可掬、恭敬謙和的態度給很多客人留下了很好的印象。

史密斯還以「服務員」自居，認爲服務就是要盡力完成客人的每一項要求，不應該太過計較當中的獲利多寡，這才是服務員應有的使命。所以，他十分有禮貌、有耐心，對待客人就像對自己的朋友一樣親切。

有一天，一位老太太到精品店來買東西，但是她所要的東西正好店裡已經賣完了，所以其他店員均冷眼相待，請這位老太太改天再來。這時，只有史密斯仍然維持一臉笑意，趕緊走上前去，恭敬的向老太太致歉，並帶領老太太到其他的店去，一直買到她所需要的東西爲止。

史密斯的出發點很簡單，只是一心一意想幫助客人達成願望而已，換做是任何人，他也都會這麼做。

幾年以後，史密斯已經升爲店長，幾乎遺忘了這件微不足道的小事，但是有一天，他卻突如其來的收到一筆龐大金額的贈禮，至於送禮的人是誰？不用多說，你也一定猜到了，正是當年的那位老太太。

她在病重身故之後，把一部份遺產送給了史密斯，希望可以幫助他發展自己的事業。老太太認爲，如此以禮待人的處世者，一定也會是個以誠處事的創業者，史密斯當天有禮的表現，一直深深的烙印在老太太的腦海中，終生不忘。

做人要有心機，做事要有心計

人與人互動過程中，很多看似無關緊要的細節，其實不去做也沒什麼大不了，做了也不一定會得到什麼好結果。

但是，命運很奇妙，當你還猶豫著到底要不要做的時候，或是考慮能否回收應有的報酬時，成功卻已經離你越來越遠了。

故事中的史密斯注重小節，誠懇待人，因爲他良好的態度，讓客戶均留下深刻的印象，所以他獲得的回報，是一般人所預想不到的。

人與人之間的相處在於誠意，空有才能而恃才傲物的人，是註定要失敗的，地位、才能可以取代，唯獨感情不可替換，因此，必須先學會做人，然後再學做事。因爲，懂得做人的人，即使不懂得做事，也一定會有很多人搶著替他做。

小心小人背後放冷箭

職務越高，越不應該太得意，因為這意味著你比其他人更危險！為了避免遭小人放暗箭，還是要收斂你的意氣風發，少一點喜形於色。

許多精闢而生動的格言都勸戒我們：春風得意的時候，千萬不要張狂。然而，遺憾的是，很多人卻時常犯這些致命的錯誤，而失去了一次次升遷的良機。

很多人有工作能力，工作崗位也紮紮實實做出了一些功績，同事讚譽有加，上級長官也將他列爲重點培植對象，多方予以重用，想方設法要提高他的威信和影響。然而，這些人一聽到上級告知即將升遷，往往興奮至極，四處張揚渲染，甚至透過媒體宣傳。

這一來，上級不免皺起眉頭：「這未免太不成熟了吧！尚未對外宣佈的事，居然敢對媒體透露，這樣的人是不是合適更上一層樓？」

僅僅爲了滿足自己應該按捺的喜悅與虛榮，而斷送了美好前程，落得狼狽不堪，這在官場最常發生。

生活的經驗一再告訴我們：遇有喜事要持重，得意之時切莫忘形。

有些小人是非常自私的，當你春風得意的時候，一定惹來這些小人的嫉妒和惱怒。表面上，他們或許阿諛奉承，甚至假扮成你的知己和仰慕者，私下卻對你恨之入骨。所謂「當面喊哥哥，背後摸傢伙」，就是這種景象的最佳寫照。

爲了避免遭小人放暗箭，還是要收斂你的意氣風發，多一點含蓄，少一點喜形於色。比如在公司裡上班，可能就有這種情況，有人會錦上添花地向你說：「看來，老闆就只信任你一個！」

或者說：「唔，經理這個位置，看來非你莫屬了。」

「嘿，升官之後，可千萬別忘記我啊！」

「你的聰明才智，在公司裡是無人出其右啊！」

切莫被美麗的謊言沖昏頭腦，切莫輕而易舉地踏進別人精心設計的圈套。

聰明的人隨時都必須保持理智狀態，你應該告訴他們：「不要亂開玩笑！公司裡像我這樣的人算得了什麼呢？」

「我的看法只是一時的靈感，其實我並沒有什麼思想。」

或者軟中帶硬地回答說：「我哪能比得上你伶牙俐齒，人又生得聰明！」

做人要有心機，做事要有心計

真正聰明的人，應該深知「居安思危」的道理，記取「樂極生悲」的教訓。

你必須經常警惕自己：什麼樣的情況對自己有利或有害？公司在短期內將有哪些新情況新變動？同事間的關係怎樣？競爭者的最新動向如何？最高決策層相互鬥爭的內幕詳情如何？

你的職位愈高，盯著你的人也就越多，因爲，你就好比是棲停在一棵無枝無葉的禿樹上的一隻大鳥，隨時都極有可能引來追尋獵物的獵人。所以說，職務越高，越不應該太得意，因爲這意味著你比其他人更危險！

如何唸好「人際關係經」？

想要在出人頭地，重點在於處理好你和上司的關係，使你的部下心甘情願貢獻才能，使你在工作中如魚得水，在人際往來中左右逢源。

有人說社會是一張網，它將全社會的人聯繫在一起，每個人都是這張巨網上的一個結。結有大有小，身爲領導者無疑是網上連綴小結的大結。

社會關係的巨網，你無法迴避，也不得不參與其中。

我們身處的社會，既是一個複雜的大染缸，也是一張星羅棋佈的密網。身爲領導者，尤其部門裡的「頭頭」，更是處在上下左右的人際關係網之中，無法置身其外或者袖手旁觀。

在美國加州大學社會關係學系任教的專家和教授，曾經進行過一項關於社會關係存在方式及其運作形式的課題研究，其中一項試驗的結果，簡直使我們感到難以置信，瞠目結舌。

這項試驗是這樣的：找任何一個正常的人，讓他找出他認識的所有的人，之後，再讓這些人找出他們所認識的所有人。以此類推，反覆進行五次後，全世界所有的人竟然都被聯繫起來了。

你說人際關係這張巨網可怕也罷，說它神奇也罷，總之，你別無選擇。

因此，在日常生活和工作圈中，正確而恰當地處理好各種關係的是是非非，可以說是成為領導統御高手的關鍵所在。

人際關係處理得恰到好處，一切就順利通暢，政通人和，達到符合「天時、地利、人和」的最高境界。

一旦關係處理得不好，麻煩的事情就會接踵而來，走到哪裡，哪裡橋斷；踩到哪裡，哪裡路就陷。

這種情形，俗話說得很生動，這就叫「喝涼水都塞牙」，「鹽罐子裡都長蛆」。

做人要有心機，做事要有心計

有很多人不懂人際關係學的妙用而四處碰壁，如果細細回味一下，你就會發現你曾經因而失去了很多升遷的機會。

因爲，命運之神往往只關照那些隨時「留一點心眼」的人。

人際關係處理不好，有些時候甚至使你懊悔不已，因爲，很多機會對你來說並不遙遠，或者說近在咫尺，然而你卻失之交臂。至於那些看起來沒有多大作爲、沒有升遷希望的同事，卻出乎意料地平步青雲，遠遠把你給拋在後面。

想要在現代職場上出人頭地，重點在於如何處理好你和上司的關係，如何使你的部下心甘情願貢獻才能，使你在工作中如魚得水，在人際往來中左右逢源。

最高境界則是，如何使你的下屬不敢造次，合作的同僚不敢得罪，甚至你的上司也不敢輕易觸你楣頭。

活用自己的絕技壓倒小人

人必須苦心練就一兩手「絕活」，有時它會成為一種很有殺傷力的防禦武器和攻擊武器。

小趙是某黨的工作會主委，以牌技爐火純青聞名。

曾經有朋友不解地問他，為何要花那麼多的時間和精力去鑽研牌技。他神秘兮兮地回答說：「這你就不懂了，你看我好像是在研究牌技，其實，我研究的是對付小人的方法。」

每當有部屬故意扯後腿，或者別人做了不利於自己的事，他都會找適當的藉口約他們打牌。而且，牌局結束時，他都會從容自若地將牌桌上發生過的事，一五一十地指出來。

他能說出在第幾輪誰出什麼牌，這張牌對以後牌局產生什麼影響。聽者訝異之餘，往往倒抽一口涼氣：「他居然有如此驚人的記憶力，那我所做的一些見不得人的事，他不就記得一清二楚！」

小趙不無得意地對朋友說：「這就是武器，就是撒手鐧。可以挫挫小人的銳氣，助長自己的氣焰。」

我們可以看到，日常生活中不時出現這種場景，有的人下棋互不相讓，到最後惱羞成怒，彼此惡言相向。很多人不禁感到納悶：只不過是下盤棋罷了，爲什麼非要把場面搞得這麼僵？

其實，問題就出在這是一種深層的心理反應。

贏家可能在潛意識中認爲自己的智力勝過對方，因而表現出目空一切的態度。

至於輸家則認爲自己遭到挫敗，無疑暴露了自己的心理和智力弱點，因而感到自己的人格在某種程度上受到對手戕害，靈魂有種被撕裂的感覺。

做人要有心機，做事要有心計

從心理作戰的角度來說，人必須苦心練就一兩手「絕活」，有時它會成爲一種很有殺傷力的防禦武器和攻擊武器。

「你看我好像是在研究牌技，其實，我研究的是對付小人的方法。」小趙的這番話確實發人省思。

如果我們都能從這個角度，來看待自己所擁有的「絕活」，我們所受益的，可能要比我們想像的要多得多。

因爲，這些「絕活」就是建立威信、鎮服小人的最佳武器。

威信就好比是七彩的陽光，它會使你的世界變得寬敞、明亮。

如果它變得暗淡的時候，你連同你的世界都將變得虛無……

正視別人渴望獲得尊重的心理

一個高明的領導者必須淡化自己的權勢慾望，正視一般人渴望獲得尊重和賞識的心理，才能激起下屬的感遇之心，心甘情願赴湯蹈火。

我們都知道劉備三顧茅廬，請諸葛亮下山爲自己效命的故事。

當時的劉備有如喪家之犬，四處流亡依附別人，連自己的地盤都沒有著落，可以說是身處危亡之境。但是，他卻有禮賢下士的優點，只要誰有眞才實學，或具有某方面的特長，他都會不辭勞苦，親自登門拜訪，把對方奉若上賓。所以，他能找到像關羽、張飛這樣流傳古今的猛將，並以兄弟相稱，結爲生死之交。

後來，他到了南陽，聽說諸葛孔明高風亮節，有經天緯地之才，並且能運籌帷幄之中，決勝於千里之外。於是，劉備兄弟三人，一同前去諸葛孔明所居住的地方隆中草堂拜訪，試圖請出這個曠世奇才共謀大計，共創霸業。

可是，身懷奇才的諸葛亮不願輕易許諾，爲了考驗劉備的誠意和決心，故意迴避了兩次，使得隨行的關羽和張飛兩人氣得大發雷霆。

但是，劉備卻仍堅持以誠相待、以誠感人，三顧茅廬之後，終於請出諸葛亮。最後一次，天空下起了鴻毛大雪，諸葛亮在草堂裡酣睡，劉備等三人靜靜在門外等候。諸葛亮深感劉備誠意十足，最後終於答應輔佐蜀漢，「受任於敗軍之際，奉命於危難之中」，從而爲劉備鞠躬盡瘁，死而後已，成爲禮賢下士、以誠待人的一段千古佳話。

做人要有心機，做事要有心計

魅力型領導者懂得如何去吸引別人，並激起他人追隨的慾望。

他們各有各的招式，其中的每一招每一式，都蘊藏著神奇的魔力，引誘、迫使追隨者爲他們效力賣命。

許多歷史的典故都告訴我們，身居高位的領導人，若能放下身段，做到禮賢下士，賢能之士就會拋頭顱、灑熱血地回報知遇之恩。

箇中緣由只在於，人人都有一顆自尊心，人人都渴望獲得別人的尊重與賞識。相反的，如果領導人一味以手中的權力對別人呼來喚去，或是進行要脅逼迫，就會讓人敬而遠之。

正因爲如此，一個高明的領導者必須淡化自己的權勢慾望，正視一般人渴望獲得尊重和賞識的心理，如此一來，才能激起下屬的感遇之心，心甘情願赴湯蹈火。

敵意可以一點一點化解

我們應該積極地去化解彼此之間的矛盾，而不是將矛盾嫌隙激化到你死我活的地步。敵意是一點一點增加的，自然可以一點一點地化解。

人際關係專家戴維曾說：「英雄之所以迷人，主要原因是他們懂得玩弄權謀，也就是懂得做人們最喜歡看到的事情。」

所謂「懂得做人們最喜歡看到的事情」，其實是一種攻心技巧，歷代出色的帝王都是這方面的佼佼者。

唐朝開國名將李靖，在隋煬帝時代曾經擔任郡丞。當時，他發現李淵有圖謀天下、問鼎中原的意圖，便親自馳往京城，要向隋煬帝檢舉揭發，不料卻被李淵捕獲。

正當李淵要將李靖處死之時，李世民久聞李靖是個不可多得的人才，頗有膽識才幹，於是出面保他一命。後來，李靖效忠李世民馳騁沙場，立下許多輝煌功勞，並且協助他開創唐朝盛世。

唐太宗重用的名臣魏徵，原本是太子李建成的謀臣。魏徵曾鼓動李建成伺機殺掉李世民，李建成猶豫不決，最後反被李世民襲殺。

玄武門之變以後，唐太宗李世民登上帝位。他雖然將哥哥建成和弟弟元吉都處死，但卻赦免了他們的智囊人物，魏徵就是其中一位。

李世民不計舊怨，量才重用，使得魏徵「喜逢知己之主，竭其力用」，從而輔佐唐太宗締造了唐朝的貞觀盛世。

人與人之間或許有不共戴天之仇，但在一個團體或一家公司裡，一般不至於會有如此深仇大恨。大家畢竟都是同事，爲了一個共同目的而聚在一起。從某方面來說，這也是一種緣分，沒有必要將辦公室內的人際關係搞得很糟，而且這樣做的往往只會落得兩敗俱傷，對自己並沒有太大好處。

因此，我們應該積極地去化解彼此之間的矛盾，而不是將矛盾嫌隙激化到你死我活的地步。敵意是一點一點增加的，自然可以一點一點地化解。

做人要有心機，做事要有心計

與你關係惡化的同事，或許心底裡對你十分不滿，不但對你態度冷峻，有時甚至你跟他說話，他都擺出一副不理不睬的態度。可是仔細想想，自己究竟在什麼地方得罪了他，恐怕連你自己也搞不大懂。

如果你實在按捺不住，不妨索性問對方：「究竟我有什麼得罪你的地方呢？」假使對方回答：「你沒有得罪我。」你應該乘機說：「真高興你親口對我說沒有。如果我有什麼不妥的地方，我樂於改正。」

如此這般，既給對方一個台階下，也可讓他面對現實並表態。

如果你把話挑明，他還繼續搞對抗或「冷戰」，那麼，你就把他當成不值一顧的小人物，犯不著跟他嘔氣。

不要曝露自己的秘密武器

一個人如果過於直白，實際是自我暴露，是把自己的一切翻出來給你的對手看，使你的對手在未來的爭鬥中一槍便打準你的要害。

《孫子兵法》上說：「不知彼不知己，百戰百殆；知己而不知彼，一戰一殆；知彼知己，百戰不殆。」

毫無疑問，這個原則對作戰的雙方來說都適用。

對自己和對方的情況一無所知，肯定沒有取勝的可能；只瞭解自己的情況而不瞭解對手的情況，那麼勝負的概率爲五〇％；對雙方的情況瞭如指掌，那才有取得勝利的把握，才能百戰不殆。

一個人如果過於直白，實際是自我暴露，是把自己的一切翻出來給你的對手看，使你的對手在未來的爭鬥中一槍便打準你的要害。

如果說話含蓄一點，模糊一些，那麼對手就莫測你的高深，不知道你的所思所想，不知道你的秘密武器，更不知道你的要害所在。

唯有這樣，才有可能置對手於不利位置。

概括地說，「逢人只說三分話」至少有以下幾點好處：

1. 使對手無法知道你的真實想法；

2. 使對方在對你的攻擊中無從下手；

3. 迫使對方只能處於守勢，使你的出擊居於主動。

以上所講的只是謹防禍從口出，這與「縱是實話也虛說」在道理上是一樣的，只不過「縱是實話也虛說」相對地具有某種攻擊性的意味。

因爲它是保護自己的積極方法，不單單是自己不要暴露自己，而且要更進一層，要用「實話虛說」給對方製造混亂，向對方施放煙霧彈，達到使對方不知所措，從而迷失的目的。

做人要有心機，做事要有心計

《唐吉訶德》的作者塞萬提斯曾說：「無論瓦罐碰了石頭，還是石頭碰了瓦罐，遭殃的總是瓦罐。」

因此，如果你是「瓦罐」，壞人是「石頭」，與其跟壞人硬碰硬，還不如把壞人當成一個讓自己戒慎恐懼的「人性鬧鐘」，時時刻刻提醒自己謹慎小心。

「實話虛說」，如果用《孫子兵法》上的說法叫做「亂兵引勝」，就是使對方發生混亂，以致將已經到手的勝利丟失得無影無蹤。

逢人只講三分話是守，實話虛說則傾向於攻。只有攻守兼備才是制勝的唯一途徑。

讓對方沒有機會拒絕

蘇格拉底不正面攻擊，只是巧設機關，讓對方沒有機會說「不」，這是一門很高深的學問，也是一種很難得的修養。

掌握說話的藝術，是邁向成功的一大關鍵。說話的藝術，不代表你只能說好聽的話，而是要學習如何把話說得更好聽，更合乎邏輯一點。

每個人都喜歡聽好話，也喜歡聽有條不紊、言之成理的話，你當然也要這樣做，別人才會動輒拒絕你！

現代人時常落入習以為常的窠臼中，花費精力去揭發別人的不是，一味攻擊別人的缺點，忘了眞正的智慧應該是從己身做起。

蘇格拉底是人類史上偉大的哲學家，他的「蘇格拉底法則」運用在辯論之上，戰無不勝，功效之大令人嘖嘖稱奇。

他運用了邏輯思考的觀念，如果對方同意了「甲」，就沒有理由不同意「乙」，如果同意了「乙」，那更不會拒絕「丙」，一步一步，由對方同意或比較關心的話題出發，順序推論，慢慢地把對方引入自己設定的方向，達到自己預定的結論中。

蘇格拉底利用這套法則，辯才無礙，常常在辯論場上使對手啞口無言，直到今日，這套思維模式仍被許多人廣泛地應用著。因爲人們發現，與其指出別人的錯誤，勸對方同意自己的觀點，倒不如一開始就先發制人，讓對方一步步的掉進自己的機關裡要來得更有說服力。

只要讓對方說「是」，而不讓對方有機會說「不」，目的不在於否決對方的意見，而是要讓對方同意自己的見解。

事實證明，讓對方一再的說「是」，絕對比說「不」要來得有效。蘇格拉底這種理性又智慧的法則，跨越兩千四百年的時空，對後世影響極大，至今仍然受到後人的推崇，堪稱是最聰明的一套邏輯辯論法。

做人要有心機，做事要有心計

蘇格拉底不正面攻擊，只是巧設機關，讓對方沒有機會說「不」，這是一門很高深的學問，也是一種很難得的修養，很少人能在面對與自己相左的意見時，能不出言駁斥，指出別人的錯誤。

但是蘇格拉底早已想到，如果只是反對別人的意見，就算爭贏了，也只代表對方的意見是錯誤的，並不表示自己就是正確的。

只有自己做對了，才能彰顯別人的不是，不需多費唇舌，別人自然會甘拜下風，對你佩服得五體投地。

06

別戴著有色眼鏡看人性

人性其實很簡單，你付出什麼，
就會得到什麼。將「人性」複雜化，
或者戴著有色的眼鏡去看「人性」，
只會讓你得出負面的分析結果。

如何讓別人心甘情願幫你賺錢？

讓員工也有參與討論、發表意見的機會，激發員工對工廠的認同感，把「老闆的生意」當作「自己的生意」。

計較太多並不意味著你就能得到更多，相反的，若能適時照顧別人的想法和利益，你才能獲得超乎預計的大豐收。看看身邊的人，其實你擁有的籌碼比你想像的還多，只要你懂得靈活運用人性的心理，他們就會心甘情願替你賺錢。

一個成功的老闆，在推動自己的工作計劃時，會先聽到員工的聲音，然後才說出自己想說的話，創造雙贏的局面。

有一家小印刷廠接到了一筆大生意，這筆生意的數量龐大，利潤也十分可觀，唯獨交貨日期相當緊急，幾乎要工人每天熬夜加班，才有可能把這批貨趕出來。

老闆接了這筆生意之後，並沒有馬上下令工人們加班，他先把所有的工人召集起來，說明了這個案子可能賺取的利潤之後，反問大家：「現在的時間非常緊急，我們是該接下來，還是不要接的好呢？如果把生意接下來的話，我們有什麼辦法可以把貨趕出來呢？」

所有工人都興致勃勃，支持老闆一定要接下這筆生意，還有人主動提出「加班」這項提議，於是老闆順水推舟，採納工人們的意見，分配每個人加班的時段。

一連好幾天，工廠徹夜燈火通明，大家同心協力趕貨，雖然辛苦，卻沒有半句怨言，並且讓產品如期出貨，效率十分驚人。之後，老闆將所賺取的部分利潤分給員工作爲紅利，大家不僅心懷感謝，而且一致認爲，有這樣的老闆是員工的福氣，同時也增加了對公司的向心力。

做人要有心機，做事要有心計

這個老闆眞的是一個關心員工的大好人嗎？

其實，他只不過是懂得運用員工的心理罷了。

如果老闆一開始就下令員工加班，員工在被迫的情況下，心不甘情不願，必定不會工作得這麼賣力，而且就算分給員工一樣的紅利，他們也會認爲是「應該的」，不會像現在這麼衷心感謝。

這個老闆的高明之處，就在於他事先消除了上與下的隔閡，讓員工也有參與討論、發表意見的機會。他激發員工對工廠的認同感，把「老闆的生意」當作「自己的生意」，不再是「替老闆賺錢」，而是「大家一起賺錢」，創造一個好的工作情緒，也帶來好的工作效益。

將自己的意見變成別人的意見

把你自己的意見，由對方的口中說出，懂得尊重他人的一方，畢竟才會是最後的贏家！

鬥爭，不只會發生在政府官員身上，辦公室、學校，甚至是家庭裡都有可能發生。不管什麼場合，總是有人喜歡跟你唱反調，也總是有人愛做你的死對頭，然而硬碰硬只會造成兩敗俱傷，並不是好的解決之道。

美國總統羅斯福在擔任紐約州州長的時候，面臨了一個很爲難的問題，一方面他必須和上頭的政治人物保持良好的關係，另一方面，羅斯福的某些改革又可能會引起他們的不滿。不過，羅斯福並不是一個怕事的人，他想了一個很好的方法，既可以達到自己的目的，又不至於引起那些政治人物的不滿。

羅斯福「以子之矛，攻子之盾」，當某一個重要職位有空缺的時候，他便熱誠地邀請那些政治高官推薦適合的人選，但是，通常他們所推薦的不是黨內的老弱殘兵，就是惡名昭彰的政客，於是羅斯福一次又一次委婉地表示拒絕，並請求他們再推薦幾位更適合的人選。

直到他們所推薦的，正是羅斯福心中早已內定的最佳人選，羅斯福才興高采烈的接受，並對他們的協助表示萬分感激。

羅斯福這一招非常高明，他不主動提出自己的意見，而是盡可能的請他人提供意見。表面上，羅斯福好像十分恭敬的吸取了那些政治人物的意見，實際上，卻是將他自己的意見變成了別人的意見，如此化敵爲友，讓大家都坐在同一條船上，他以後的改革之路也就平順許多了。

富蘭克林曾經提醒我們不要做目光淺短的庸人，他說：「平凡人最大的缺點，是常常覺得自己比別人高明。」

就是因爲每個人都覺得自己比別人高明，因此抱著投機取巧的心態做事，急功近利的結果，當然事聰明反被聰明誤。

羅斯福不急功近利，他將功勞歸給別人，責任自然也落到了別人的頭上，之後他可以沒有後顧之憂的大膽嘗試，不必擔心其他人的反對，因爲他已經事先就把反對的聲音給消除了。

所以，要籠絡人心，不妨學學羅斯福的做法，把你自己的意見，由對方的口中說出，既然目的達成了，誰的功勞也就別太過於計較，懂得尊重他人的一方，畢竟才會是最後的贏家！

別戴著有色眼鏡看人性

人性其實很簡單，你付出什麼，就會得到什麼。將「人性」複雜化，或者戴著有色的眼鏡去看「人性」，只會讓你得出負面的分析結果。

有許多身居高位的大人物，會細心記住一些小職員或只見過一兩次面的下屬的名字，在電梯或門口碰到時，從容叫出他們的名字。如果你肯下這樣的功夫，一定會讓下屬受寵若驚。

人非草木，孰能無情。大部分人都講究人情味，喜歡「將心比心」，因此，你想要別人怎樣對待你自己，你自己就得先怎樣對待別人。這也就是「同理心」或「易位思考」，即設身處地爲別人著想。

在經營自己的人際網路時，只有先付出誠摯的眞情，才會獲得投桃報李的回應。

日本著名的企業家松下幸之助就是一個相當注重感情投資的人。他曾說過：「最失敗的領導，就是那種員工一看到你，就像魚一樣逃開的領導。」

在創業早期，松下幸之助每次看見辛勤工作的員工，都會親身送上一杯自己泡的茶，並充滿感激地對他說：「太感謝你了，你太辛苦了，請喝杯茶水吧！」

正因爲在這些小事方面，松下幸之助都不忘記表達對下屬的感激和關懷，因而獲得了員工們一致擁戴，心甘情願地爲他效力，設身處地爲他著想。

人性其實很簡單，你付出什麼，就會得到什麼。將「人性」複雜化，或貼上負面標籤，或者戴著有色的眼鏡去看「人性」，只會讓你得出負面的分析結果，替自己的工作和生活帶來一些不良影響。

不管現今的社會如何現實，有時候，誠懇親切地對待同事或下屬，仍然可以輕而易舉地解決你長期以來都感到棘手的問題。

譬如，你以命令的語氣要員工去做某件分外的事情，他或許會找各種理由推託，或者婉轉地要你找別人做，甚至「大義凜然」地以這不是自己分內工作而拒絕，讓你當場難堪不已。但是，如果你誠懇地說一聲：「請你幫個忙，好嗎？」問題就有

可能迎刃而解。

做人要有心機，做事要有心計

熟悉說話的藝術，人與人之間就可以在融洽的氣氛中，彼此交流想法和看法。有時候，你和某人並沒有交集點，但是，適時的說話技巧卻可以讓彼此敞開胸懷，建立起友誼的基礎。

我們應該訓練自己成爲一個說話高手，建立起更和諧、更廣泛的人際關係。誠懇親切的態度會傳達出人類與生俱來的，或許是潛意識裡面的認同感。

那是一種彼此珍惜和重視的共鳴，或者說是對「人性」——人不同於其他物種的特性的一種呼喚。

千萬別當小人的「替死鬼」

有的領導過於勢利，你一旦失去利用價值，他就像拋棄破鞋一樣把你踢得遠遠的，甚至在危急之時把你當成「代罪羔羊」、「替死鬼」。

現實生活中，許多人堅持原則的精神相當令人讚賞，但是，他們聲色俱厲的辦事手法卻讓人感到迷惑不解：為什麼這些有「能幹」的人卻老是幹出和小人硬碰硬的蠢事，為什麼不用一點策略來處理自己的人際關係，以及所面對的棘手問題？

譬如，有的人總以為只要自己做事光明磊落，「平時不做虧心事，半夜不怕鬼敲門」。

這樣的人看不慣拉黨結派的風氣，對周遭的人事勾鬥嚴加譴責，但是由於個性過於剛烈耿直，結果往往是職位在原地打轉，始終無法更上層樓。

不管誰是誰非，現實的工作環境總是與我們單純的願望背道而持，公司內部往往分成了很多派別，而且彼此明爭暗鬥的情形無所不在，很多時候，我們根本沒有選擇不捲入的餘地。

當然，「選邊站」絕不是教你毫無原則地唯利是圖、迎逢巴結，那麼，怎樣才能選擇最正確的一邊呢？

這個問題的確十分重要，尤其對一個想有所作爲的部門領導者來說更是如此。如果你不是最高領導人，那麼，不管在什麼企業或團體，都一定會有自己的上司。在迫不得已的情況下，必須「選邊站」的時候，首先要觀察你的上司是否具有必備的德性和素質。

有的領導過於勢利，爲人處事純粹是以對他有沒有用作爲唯一標準，你對他有用的，你就是「大紅人」，你一旦失去利用價值，他就像拋棄破鞋一樣把你踢得遠遠的，甚至在危急之時把你當成「代罪羔羊」、「替死鬼」，置你於死地而後已。

對這種翻臉不認人的上司一定要有所防備，暗中預留一手，以防將來他打算拋棄或加害你的時候施用。

做人要有心機，做事要有心計

許多先聖先哲都教導我們做人做事必須誠實，但是，誠實必須有一定的限度。有時，太過誠實既於事無補，又會讓自己受到傷害。

現實生活中，我們應該保留一點實力，面臨關鍵時刻才能妥善保護自己。

換個角度來說，正因爲你留有一手，有所防備，所以上司才不敢輕易拋棄你，或者做出一些不利於你的事情來。

但一般來說，德性不好或缺乏「義氣」的領導人不宜追隨。所謂「物以類聚」，除非你本身就不是一個「仁義之士」，否則還是少追隨這種人爲妙。

接近深具潛力的上司

與其刻意巴結討好現在正春風得意、紅得發紫的上司，倒不如用心去接近現在並不走紅，但是具備創大業、做大事潛力的上司。

想要讓自己在升遷的道路走得平穩順暢，還要細心觀察你的上司有沒有必備的領袖性格或特質，能夠使他從激烈的人事競爭中殺出層層重圍。

所謂「路遙知馬力，日久見人心」，強調的是患難時期見眞情，貧賤之交最難忘懷；這層道理也可以運用在選擇追隨哪位上司。

如果你還年輕，有足夠的等待時間，那麼，與其刻意巴結討好現在正春風得意、紅得發紫的上司，倒不如退而求其次，用心去接近現在並不走紅，甚至有些抑鬱不得志，但是具備創大業、做大事潛力的上司。

這是因爲，他現在地位不高，沒有衆星拱月的優越感，願意與他接近的人並不多，如果此時你誠心誠意追隨他，他就會對你產生感激之情，產生知遇外的好感，知道你並不是那種追腥逐臭、趨炎附勢的泛泛之輩。

如果有一天他的運勢否極泰來，突然飛黃騰達了，你就極有可能是他安排人事佈局時第一個考慮到的人。

屆時，你無須多費唇舌，更無須汲汲營營鑽逢，很快就會吉星高照，獲得上司提拔重用，還會跟他在以後的共事中更加親密無間。

儘管，此時他必然終日被那些忙著交心、獻媚的下屬和同僚纏得脫不了身，但是，你仍然可以「不戰而屈人之兵」，靠著先前的運籌帷幄而「決勝千里之外」，戰勝那些臨時「抱佛腳」的人。

做人要有心機，做事要有心計

卡爾曼曾經揶揄地說：「在天國的戶口名簿中，愚蠢的生物跟聰明的生物一樣，都是早就登記好了的。」

其實，一個人究竟是聰明的還是愚蠢的，並不是絕對的，天才與白癡往往只有一線之隔，如果你有識人之明，並且積極朝有潛力的上司靠攏，那麼你就是一個聰明人，否則就是浪費時間和精力的蠢材了。

當然，急功近利、過於市儈的人眼光不會那麼長遠，也很難做到這一點。正因爲如此，你更必須具備高瞻遠矚的智慧，讓自己站得高一些，看得遠一些。

忘恩負義會使你眾叛親離

在實際生活中，有一些領導者偏偏要學「好寒鳥」的行徑，犯下自大愚蠢的錯誤，最後落得眾叛親離，甚至被轟下台。

很久很久以前，有一隻「好寒鳥」身上的羽毛掉光了。當時正值隆冬，下著大雪，她被嚴寒的天氣凍得直打哆嗦，其他的鳥兒見她十分可憐，惻隱之心不禁油然而生，紛紛前來幫助她。

每一隻小鳥都從自己的身上拔下一支羽毛送給她，不久之後，「好寒鳥」身上裝滿了五顏六色的羽毛，變得十分光鮮艷麗。

可是，「好寒鳥」並不心存感激，反而越來越驕傲起來，甚至開始瞧不起其他的鳥類，認為自己是世界上最漂亮的小鳥。

大家對「好寒鳥」忘恩負義的行徑氣憤至極，於是大家商議之後，決定把自己送給「好寒鳥」的羽毛要回來。

結果，「好寒鳥」又恢復一無所有的模樣，瑟縮在寒風裡打顫發抖，最後終於被寒風凍死在荒野。

「好寒鳥」的故事告誡我們，領導人在處理人際關係的時候，一定要時時刻刻記住「水可載舟，也可覆舟」的道理。

因爲，你的下屬可以是你獲得績效的力量來源，也可以是推翻你的直接動力。

「好寒鳥」的寓言雖然大家都知道，但是，在實際生活中，還是有一些領導者偏偏要學「好寒鳥」的行徑，犯下自大愚蠢、忘恩負義的錯誤，最後落得眾叛親離，甚至被轟下台。

做人要有心機，做事要有心計

領導者在處理自己與下屬的人際關係時，一定要妥善運用眾人的力量，讓所有的人團結在自己領導下，發揮團隊合作的精神。

我們不妨來看看加拿大雁的例子。

加拿大雁深知分工合作的價值，牠們經常以「V」字隊形飛行，而且「V」字的一邊總是比另外一邊長一些。加拿大雁定期變更領導者，即領頭雁，因為帶頭的加拿大雁在前頭開路，能幫助左右兩邊的雁造成局部的真空，這是一件艱苦的任務，因此必須輪流更替。

科學家曾在風洞試驗中發現，成群的加拿大雁以「V」字形飛行，比一隻單獨飛行可以多飛二十％的距離。

人類其實也是一樣的，領導者只要能跟下屬通力合作，往往能飛得更高更遠。

設法把小人變成自己的貴人

在這個小人到處充斥的社會，其實小人並不可怕，可怕的是你不懂得善用小人對你有幫助的一面，將他變成自己生命中的貴人。

人生最艱難的事，並非是「做人」，也不是「做事」，而是你是否具備做人做事的行事謀略，以及如何識破別人虛假謊言。

明朝開國元勳劉伯溫所著的《郁離子》裡面，有這樣一個貓與老鼠的故事。

趙國有戶人家鼠災成患，於是就去中山國向人討了一隻貓。

中山國的人給他的這隻貓很會抓老鼠，但也喜歡偷雞吃。過了一段時間，趙國人家中的老鼠被這隻貓捉光了，但是雞隻也全部被牠咬死了。

他的兒子就問他說：「爲什麼不把這隻貓趕走呢？」

這個趙國人回答說：「這你就不懂了，我們家最大的禍患在於老鼠成災，而不在於沒有雞。老鼠專門偷吃我們家的糧食，咬壞我們的衣服，鑽通我們的牆壁，毀壞我們家裡的器具，情況惡化下去，我們就得挨餓受凍，難以生存下去。也就是說，沒有了雞頂多不吃雞蛋雞肉，趕走了貓，我們卻連生存都成了問題，既是如此，爲什麼要將貓趕走呢？」

這個趙國人是個明智、有頭腦的人，他深知貓所帶來的好處遠遠超過牠所造成的損失，所以他並不主張將貓趕走。

日常生活中或工作場合裡，確有不少像中山貓那樣的小人。如果我們只盯住他們某方面的毛病或弱點，而以偏概全，或者將他們掃地出門，那麼環顧左右，你將找不到可用的人才，而成爲一個沒有兵上隨行的光桿司令，無法成就一番大事。

做人要有心機，做事要有心計

《郁離子》的這篇故事教導我們，要做大事，就需要綜觀全局，衡量利弊得失，但是要了解要害所在，千萬不可糾纏在小事之中，把自己搞得心亂如麻，因爲心一旦混亂，就絕難在工作上或競爭中獲勝。

因此，聰明的領導者要懂得適時大膽起用會抓老鼠的「中山貓」，只要設法將自己的「雞」關好就行了。

美國作家霍伊曾說：「一個有利用價值的小人，抵得過兩個以上的普通朋友。」

的確，在這個小人到處充斥的社會，其實小人並不可怕，可怕的是你不懂得善用小人對你有幫助的一面，將他變成自己生命中的貴人。

裝糊塗是駕馭小人的法寶

學會何時該裝糊塗是一種無價之寶，是你用之不竭的源泉，也是你駕馭小人，打開成功大門的神奇鑰匙。

小人其實並不可怕，最可怕的是，你在「小人」面前迷失自己，根本不知道他們到底壞在哪裡。

如果，你對他們的行徑了然於胸，知道他們如何暗地裡使壞，你就可以藉此了解自己的罩門在哪裡，然後加以防範和補強。

不過，領導者爲了維護集體或個人的權威及威信，面對身邊小人的一些卑劣作爲，有時不妨裝裝糊塗。

但是，這絕不是意味著要求自己去做一個懵懵懂懂的糊塗蟲，或一個不辨是非黑白的濫好人，而是展現出大智若愚而又高深莫測的感覺，讓小人對你又敬又畏。

領導者能做到這種程度，才堪稱領導統御高手，既要深具內涵而又懂得處世的手腕，如此，權威和尊嚴才會油然而生，散發出不可侵奪的氣勢。

學會何時該裝糊塗是一種無價之寶，是你用之不竭的源泉，也是你駕馭小人，打開成功大門的神奇鑰匙。

不論在工作上或者處理事情的時候，只有講究方法、策略，才會讓你事半功倍，不至於疲於奔命。

身為領導者，如果像三姑六婆一樣喋喋不休，見什麼講什麼，見什麼管什麼，最後就會像魯迅短篇小說中祥林嫂講述她兒子被狼吃掉的故事一樣，下屬不但麻木了，而且內心也會厭煩反感，還談什麼樹立威信呢？

做人要有心機，做事要有心計

什麼都要管，連雞毛蒜皮的事也不放過，這種人是最差勁的領導者。

因為，什麼都要管，往往就什麼都管不好；處心積慮想要面面俱到，結果是連基本面都難以顧到。

英明的領導者只管大事、大方向，其餘的應該放手讓部下去做。如果你不懂得抓要害、定大局，就可能因小失大，撿了芝麻而丟了西瓜，致使自己被身邊的小人唬弄，忙得焦頭爛額卻一無所獲。

想要把身邊的小人變貴人，就要在適當的時候睜一眼閉一眼。

當然，這並不是說要一味地放縱部下去胡作非為、盲目亂搞，而是不要在無關緊要的細節上面浪費自己的時間和精力。

不要執意和小人過不去

有不少人嫉惡如仇，不把小人放在眼裡，或者執意要與他們作對。這種做法其實是不智之舉，他們會對你展開反擊，而且這些反擊往往令人防不勝防。

郭子儀是唐朝中興名臣，也是平定安史之亂的卓越將領。有一次，當朝權臣盧杞前來拜訪正病臥在床的郭子儀。

盧杞是中國歷史上有名的奸詐小人，相貌奇醜無比，臉型寬短，鼻子扁平，兩個鼻孔朝天，眼睛小如綠豆，當時的人甚至戲稱他爲「現世活鬼」，一般婦女看到他都忍俊不住發笑。

郭子儀一聽到門人來報之後，急忙命令侍奉左右的妻妾趕快退回後房迴避。

盧杞走後，姬妾女侍們又回到郭子儀病榻前，不解地問他說：「朝廷許多官員都來探望過你，可是你從來沒有叫我們迴避。爲什麼盧中丞來了，你卻急著要讓我們都躲起來呢？」

郭子儀微笑著答道：「妳們有所不知，這位盧中丞不但相貌奇醜，而且內心十分險詐。妳們看到他一定會忍不住失聲發笑。那麼，他一定會記恨在心，萬一此人以後掌權，我們可就要遭殃了。」

郭子儀確實有知人之見，他能識出盧杞的陰險惡毒，雖然自己位及將相，也不敢得罪這個小人。

做人要有心機，做事要有心計

有不少人嫉惡如仇，不把身邊的小人放在眼裡，或者執意要與他們作對。這種做法其實是不智之舉，很可能把事情搞得更糟。

這麼做，固然可以表現你的正義剛直，但在人性的叢林裡，這並不是明哲保身之道，反而突出了你的正義是不切實際的。

你的正義凜然會更加暴露這些小人的無恥、不義，爲了自保和掩飾，他們會對你展開反擊，而且這些反擊往往令人防不勝防。

也許，你並不怕他們伺機報復，也許他們根本奈何不了你，但是你必須知道，小人之所以爲小人，是因爲他們始終躲在暗處，使用的始終是卑鄙下流的手段，而且不會輕易罷手。

看看歷史的斑斑血跡吧，有幾個忠良抵擋得過奸臣的陷害呢？

07

活用戰術，創造自己的優勢

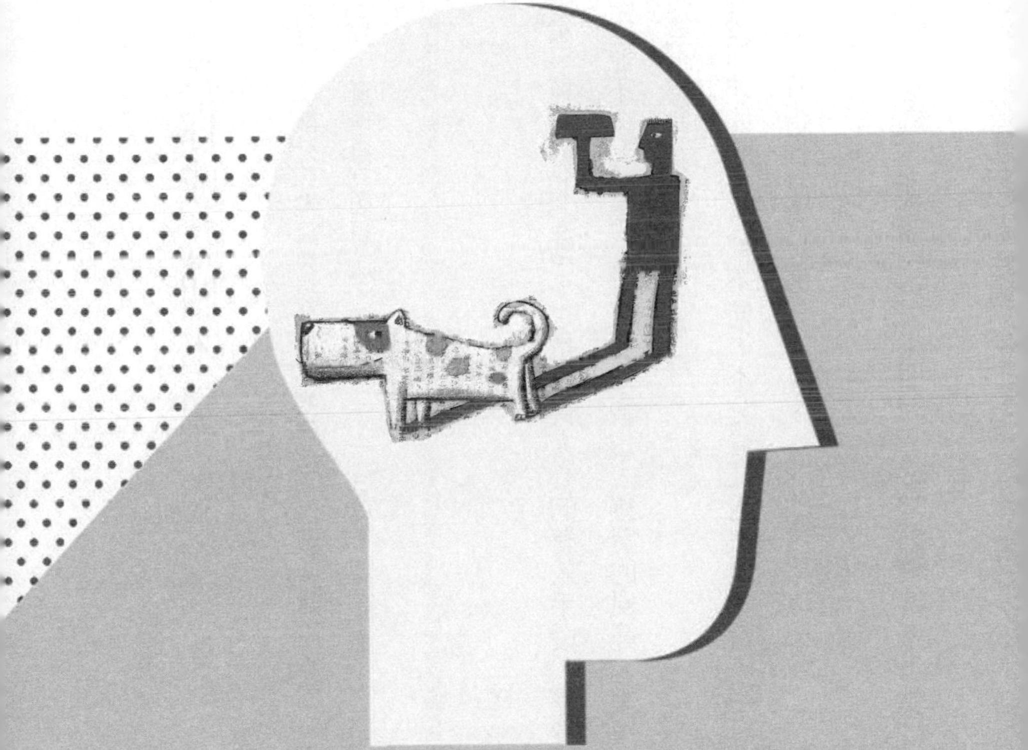

如果你單單依恃先天條件或是前人庇蔭，
不再努力增進自己的實力，
原有的優勢反而會成為前進的阻礙。

模仿，不是讓你成為四不像

要有自己的主見，不能一味地只會模仿前人的行徑。沒有一顆務實的心，那你就只能在腦子裡，實現自己的想法。

「讓賢」的確是一種難得的美德，也是收買人心的有效手段，畢竟，願意把到口的肥肉吐出來的人並不多，可是，就算要學習古人讓賢的風範，來增加自己的光環，也應該考慮到適不適合。

因爲，每個人發揮才能的地方都不同，不分青紅皂白地讓賢，不只不會得到別人的稱讚，還會讓別人覺得你愚蠢可笑。

喜歡和莊子抬槓的惠施，在魏國當宰相期間，經常勸說魏惠王要以不貪名圖利來治理國家，這樣百姓的性情和風俗才會變得仁厚。

有一天，魏惠王對惠施說：「上古那些賢明的君主，個個都是受天下敬仰，才德兼備的人。現在，我的才德確實不如先生您，所以我想把國家的王位傳給您。」

惠施堅辭不受。魏惠王又說：「我把國家傳給比我更有才德的人，這樣的話，百姓因爲貪圖名利而起的爭鬥就會消失了，請先生您以國家爲重，接受王位吧！」

惠施回答：「如果您是爲天下人民著想的話，那我就更不能接受您這種做法。您是一個大國的君主，把國家傳給別人還算可以，我惠施原本只是一個布衣百姓，您把這樣大的一個國家讓給我，我都不要，那我的平息百姓貪名爭利的主張，不是更容易被百姓理解和接受了嗎？如此一來，推行的效果也會更好。」

做人要有心機，做事要有心計

人擁一旦有了財富和權勢之後，最想獲得的，往往就是名聲，而且最好是「萬民景仰」和「永垂不朽」的聲望，因此在現實生活中，我們經常見可以見到像魏惠王這樣的沽名釣譽之徒。

沽名釣譽是人的價值取向之一，本身並無可厚非，但是，想要籠絡人心，絕對不能使用一些老掉牙的招數，否則只會讓人嗤之以鼻。

時代不一樣了，所以價值觀當然也不一樣。上古時期堯舜禪位可能是佳話，但是現代再這樣做，就會被人認爲是貪圖虛名或是私相授受。

所以，想要收買人心，必須先深刻洞察自己所處環境的改變，這是活在這個時代的人必須具備的能力。

要做到這一點，就需要有自己的主見，不能一味地只會模仿前人的行徑。沒有一顆務實的心，那你就只能在腦子裡，實現自己的想法。

別人的危機，就是你成功的契機

等到自己期望的條件出現之後，才挺身而出，如此一來不但達到了自己的目的，也為自己博得了好名聲，可以說是一舉兩得。

柯林斯曾經寫道：「愚人常把成功看得太容易而失敗，智者常把成功看得太困難，而一事無成。」

其實，想要成功，重點在於你能否利用別人沒有抓住的時間，抓住別人沒有發現的訣竅，發現別人沒有看見的機會。

古今歷史上有很多知名的成功人士，他們成功的關鍵，往往都是因爲危機的發生。這些危機有大有小，不論是小至個人，或大至團體的危機，總會有人因爲看得到危機中潛藏的機會，而在適當的時間點讓自己脫穎而出。

因此，危機對一般人而言也許是混亂、麻煩的代名詞，但是，對某些人而言，卻是讓他們反敗爲勝或是一舉成功的大好機會。

古希臘流傳著一則這樣的神話。庇比斯城的居民得罪了衆神之王宙斯，宙斯爲了懲罰庇比斯城的居民，因此降下一個名叫斯芬克司的女妖。

斯芬克司背上長著翅膀，是一個人面獸身的食人妖怪，顧守在庇比斯城的城門口，凡是經過城門的人，都必須回答她出的謎語：「什麼東西是早上用四隻腳走路，中午變成兩隻腳走路，到了晚上又用三隻腳走路；在一切的生物之中，是唯一會使用不同數量的腳行走的生物？而且腳的數量最多的時候，卻是這種生物速度和力量最弱的時候。」

凡是沒有猜對這個謎語的人，就會立刻被斯芬克司吃掉。

因此，整個庇比斯城的人都陷入了恐懼之中，爲了抵抗這個女妖，庇比斯國王貼出了告示，上面寫著，只要有人能解開斯芬克司女妖的謎語，國王就會讓位，讓解開謎語的人成爲庇比斯城的新國王。

告示一貼出來，就有一個叫做俄狄浦斯的年輕人，決定前去挑戰斯芬克司的謎語。俄狄浦斯來到城門口，對斯芬克司說道：「如果我答錯了，我知道妳會把我吃掉，但是，如果我答對了呢？」

斯芬克司輕蔑的看了俄狄浦斯一眼，認爲他沒這個本事，便回答說：「如果你答得出來，我就從山崖上跳下去！」

俄狄浦斯聽完，馬上回答：「答案是人！人在生命剛開始的時候，是只會在地上爬行的嬰兒，而且是速度和力量都最弱的時候。到了生命的中期，人便學會了如何用兩隻腳走路，到了生命的後期，體力衰退，雙腿需要拐杖來扶持支撐，因此柺杖就成爲第三隻腳。」

斯芬克司見謎語被猜中，大叫一聲，就從高聳的山崖上跳下去摔死。而解救了整個庇比斯城的俄狄浦斯，便順理成章地成爲庇比斯的新國王。

你也許會覺得很奇怪，既然俄狄浦斯知道答案，爲什麼不一開始的時候就說出來，化解大家的危機呢？

這就是俄狄浦斯聰明的地方。他等到自己期望的條件出現之後，才願意挺身而出，如此一來不但達到了自己的目的，也爲自己博得了好名聲，可以說是一舉兩得。

要是你只以一種角度來看待危機的話，就會因此錯過許多大好機會。

當危機出現的時候，先別急著驚慌，冷靜地嘗試由不同的角度去觀察，等到了解來龍去脈之後，也許就能從中找出適合自己切入的位置，讓自己異軍突起。

如果你不只看到危機的負面影響，也看到其中可以運用的契機，那麼，對你而言，你已經達到了成功的百分之五十。

讚美別人可以改變自己的命運

美國心理學家威廉・詹姆士說：「人類本性上的企圖之一，是期望被讚美、欽佩和尊重。」

激勵大師戴爾・卡耐基說：「真誠的鼓勵和讚揚就像春天裡明媚的陽光給人的溫暖和激情，它能使失敗成為前進的動力，也能為成功的大廈添磚加瓦。使心與心的距離拉近的最好的方法，就是給人真誠的鼓勵和讚揚。」

的確，讚美的話語充滿著魔力，可以改變自己和別人的命運。

十九世紀初，英國倫敦有一位年輕人矢志要成爲作家，然而，他只受過四年的小學教育，他的父親又因債務而入獄，只能過著極其貧困的生活。

後來，他在一座城市裡找到一個貼標籤的工作，夜晚就和另外兩個流浪兒睡在閣樓裡。他對自己的寫作能力一點也沒有信心，只好等到半夜另外兩個睡著了才敢把信寄出去，以免遭人恥笑。

可想而知，稿件大部分被退了回來。但是，後來終於有一次，他的稿件被採用了，有位編輯還在信中對他的這篇文章大加讚揚。

讚揚可以改變人的一生。從此，這位出身貧寒的窮孩子走上了文學之路，並且成爲爲世人所矚目的一代文豪。這個人不是別人，正是寫下《雙城記》等膾炙人口作品的查爾斯·狄更斯。

做人要有心機，做事要有心計

美國心理學家威廉·詹姆士曾經說：「人類本性上的企圖之一，是期望被讚美、欽佩和尊重。」

渴望獲得讚揚，是每一個人心目中的基本願望，即使是小人也不例外。

因此，日常生活中，我們必須經常去讚美其他人，尤其是對不得不相處的小人，這更是必要的手段。

對別人而言，他的優點和長處會因爲你的稱讚而得到確認和肯定；而對你自己來說，則表示你已經被別人的優點和長處吸引，從而產生強烈的認同感。

莎士比亞曾說：「你想打狗，就不難找到打狗的理由。」

同理可證，如果你想讚美一個人，通常也不難找到讚美的的理由。

人非草木，孰能無情？只要我們肯用心去讚美別人，就算對方是個只會鑽營的小人，也會被你撥動心弦，不會在背後扯你後腿。

當心來自背後的冷箭

如果你已在有意無意間得罪了人，在彼此心結未開之前，還是小心謹慎些，多多提防來自背後的冷箭。

北宋時期，有位著名的詩人蘇舜欽，年少時即有大志，後來經范仲淹推薦，升任進奏院主官，並參加了以范仲淹爲首的政治革新派。

他屢次上書仁宗皇帝，議論時政得失，批評當時的宰相呂夷簡處事有誤，引起呂夷簡不滿，處心積慮想抓住把柄，陷害蘇舜欽及改革派。

有一年秋天，正逢賽神會。以往，各官署衙門都要進行歲末盤點，將多餘的東西拿出來變賣，然後再用這筆錢盡興地吃喝一頓。

這一年，蘇舜欽爲了想在賽神會這天讓大家玩樂得更痛快些，依照慣例把進奏院裡拆下的舊公文封套變賣換錢，而且自己也拿出了十千錢來，作爲玩樂的花費。其他接受聚宴邀請的人也共襄盛舉，分別拿出錢來湊足餘數。

大家吃喝得正高興的時候，蘇舜欽又請了一些歌女來陪酒助興，炒熱氣氛。當時的太子中舍官名叫李定，希望能參加聚會，沒想到卻被拒絕了，李定因此懷恨在心，便在京城裡到處宣揚蘇舜欽等官員鋪張無度，恣意尋歡作樂。

平時與呂夷簡交好的御史劉元瑜知道了這件事，連忙上奏章向仁宗皇帝報告。宰相呂夷簡一見有機可乘，也跟著在皇帝面前說了蘇舜欽許多壞話。

皇帝聽了大怒，不僅把蘇舜欽責出拆下來的舊公文套一事，定爲「監守自盜」罪，更撤掉了蘇舜欽的官職。其他參與宴會的人，不是免官就是降職，有的還被調到邊境，致使革新派受到沉重的打擊。

劉元瑜見此狀況，便得意洋洋地對宰相呂夷簡說：「我總算替您把蘇舜欽等一夥人全部肅清，一個也沒遺漏。」

做人要有心機，做事要有心計

人與人之間，難免會因爲立場不同或利益衝突等原因，而發生嫌隙，甚至結下仇怨。有時候，即使在當下是自己占了優勢，也難保對手不會懷恨在心、暗中報復，身後的冷箭往往防不勝防。

蘇舜欽以爲自己行事合宜，沒有什麼見不得人，但是在有心人處心積慮運作之下，卻能顛倒黑白，令他難以辯駁，一場適逢節慶忙裡偷閒的聚會，在呂夷簡等人的惡意抹黑之下，成了罪不可赦的惡行。

有競爭就有忌恨，不管在商場或職場，都不可輕易鬆懈，因爲對手隨時虎視眈眈等著你出差錯的一天。如果你已在有意無意間得罪了人，更不可掉以輕心，在彼此心結未開之前，還是小心謹慎些，多多提防來自背後的冷箭。

莫長他人志氣，滅自己威風

當兩軍對峙，勢均力敵、實力相當的時候，最怕傳出對自己不利的消息，有時即使是空穴來風，也極可能造成軍心動搖，進而影響戰局。

西元前四六八年，晉國的大夫荀瑤率大軍討伐鄭國。

鄭國在春秋初期雖然是個強國，後來國勢卻日漸衰微，反成爲一個弱小的諸侯國，夾在諸大國之間，進退兩難。

鄭國國君一時抵擋不住晉軍的進攻，連忙派大夫公子般到齊國求救。

齊平公不願讓晉國吞併鄭國而變得更加強大，日後可能成爲齊國的威脅，於是即刻派大夫陳成子率軍前去救援。

當陳成子率軍到達濮水河岸的時候，下起大雨，士兵們都不願意冒雨過河。

從鄭國前來擔任嚮導的子思見狀，催促說：「晉國的兵馬就在敝國都城的屋子底下，所以才會告急前來。目前敝國的君臣，正焦急地盼望齊軍早日到達。如果再不行進，恐怕要來不及了。」

陳成子只好披著雨篷，拄著兵戈，焦急地站在山坡上指揮齊軍過河。戰馬見了滔滔的河水都嚇得嘶叫，他便下令用鞭子狠抽，硬逼牠們過河。經過一番努力，齊軍總算安全地渡過了濮水，準備與晉軍交戰。

晉軍統帥荀瑤見到齊軍軍容嚴整，心裡不禁有點害怕，便對左右部將說：「我占卜過攻打鄭國，卻沒有占卜過和齊國作戰的勝敗。他們的軍隊排列得非常整齊，我們恐怕打不過他們。」

部將們也贊成他的看法，均主張撤兵。於是，荀瑤一邊下令撤軍，一邊派使者去齊軍營地求見陳成子。

使者鼓起如簧之舌說：「我們的統帥讓我向您解釋，這次晉國出兵，其實是爲了替您報仇。您陳大夫這一族，是從陳國分支出來的。陳國雖然是被楚國滅掉的，但卻是鄭國暗中慫恿。所以，敝君派我來調查陳國被滅的原因，同時問問您是否在仍為陳國被滅而憂愁。」

陳成子聽了使者的話，知道這是荀瑤編造出來的離間之計，十分生氣地說：「欺壓別人的人絕沒有好下場！像荀瑤這樣的人根本沒有辦法長久！」

齊國的使者走後，有個名叫荀寅的部將急急忙忙前來，向陳成子報告說：「探子回報，晉軍打算出動一千輛戰車來襲擊我軍的營門，意圖把齊軍全部消滅，我們說不定應付不了。」

陳成子聽了嚴肅地說：「出發前國君命令我說：『要追趕零星的士卒，不要害怕大批的人馬。』晉軍即使出動超過一千輛的戰車，我不能避也不能不戰，這是我應對國君負的責任。而你方才竟然講出如此壯敵人威風、滅自己志氣的話！回國以後，我一定要把你的話向國君報告。」

荀寅自知失言，後悔地說：「今天我才知道，自己為什麼總是得不到信任。君子想要謀劃一件事情，對事情的開始、發展、結果這三方面都要考慮到，然後才向上報告。現在我對這三方面都不知道就隨意向上傳達，怎能不碰壁呢？」

幾天後晉軍下令撤兵，鄭國的危機解除，陳成子也率軍返回齊國。

陳成子受命解除鄭國之危，爲了不負使命，即使面對軍容強盛的晉國大軍，也絲毫不退縮，更不受鼓動慫恿，一貫堅持自己的意志與想法勇往直前，所以最後能夠圓滿地達成任務。

當兩軍對峙，勢均力敵、實力相當的時候，最怕傳出對自己不利的消息，有時即使是空穴來風，也極有可能造成軍心動搖，進而影響戰局。

荀寅的奏報或許是實情，但是光長他人志氣、滅自己威風，在氣勢上已經輸人一截，猶如還未交戰就已認輸一般，是以陳成子才會如此嚴厲地訓斥他。

說話要看時機與場合，更要注意自己的立場。說出不適當的話，即使自己並無惡意，也很難不受人誤會。

活用戰術，創造自己的優勢

如果你單單依恃先天條件或是前人庇蔭，不再努力增進自己的實力，原有的優勢反而會成為前進的阻礙。

東晉王朝滅亡以後，中國南北對峙的分裂局面，持續了近一百七十年之久，歷史上稱爲「南北朝」。

西元五八一年，隋文帝楊堅取代北周稱帝，建立了隋朝。楊堅有志一統中國，在北方實行富國強兵的政策，國力大增。而當時長江南岸的陳朝皇帝陳叔寶（史稱陳後主）卻十分荒淫，終日享樂，不理朝政。他雖然知道隋文帝有意征伐，卻依恃長江天險，並不把這事放在心上。

一次，隋文帝向僕射高熲詢問滅陳朝的計策，高熲回答說：「江南的莊稼比江北成熟得早，我們在他們的收穫季節揚言出兵，他們一定會放棄農務而屯兵防守。他們做好了準備，我們卻不出兵。這樣來回幾次，他們便不會相信我們所放出的風聲。等他們不做準備，我們再突然出兵渡江，便可打得他們措手不及。」

高熲接著說：「另外，江南的糧食不像我們北方囤積在地窖中，而是囤積在茅、竹修建的倉庫之中，我們可暗地差人放火燒燬，連燒個幾年，陳朝的財力就大大削弱了，想要滅掉它也就容易得多了。」

隋文帝採取了高熲的計策，經過七年的準備，在西元五八八年冬下令伐陳。

隋文帝志在必得，派晉王楊廣爲元帥，率領五十萬大軍渡江南下，向陳朝的都城建康（今江蘇南京）發動猛烈的進攻，並很快就攻下建康，俘獲了陳後主，滅掉了陳朝，統一天下。

做人要有心機，做事要有心計

不懂得居安思危的人，就好像在下雨的夜晚，開著沒有雨刷的車在高速公路上行駛一樣，隨時都可能遭遇不測。

楊堅和陳叔寶是兩個截然不同，形同強烈對比的君主，一個積極運作，處心積慮地想成爲一統天下的皇帝；一個只想偏安江南，當一個小國之王，就心滿意足。所以，在楊堅摩拳擦掌，加強軍備意欲南征之時，陳叔寶仍然過著安逸享樂的生活，一點也不擔憂。

長江寬廣的江面，確實是一個阻礙，但絕非無法可突破。七年的時間，讓彼此間的實力差距越拉越遠，即使是長江天險也不能當作屏障了。所以當戰事一起，隋軍勢如破竹，而南朝軍隊卻不堪一擊，只好俯首稱臣。

人要活用戰術，不斷創造自己的優勢。如果你單單依恃先天條件或是前人庇蔭，不再努力增進自己的實力，你原有的優勢反而會成爲前進的阻礙。對手將輕易地超越你，你過去的功績也將土崩瓦解，再也無法挽回。

想哄抬自己的價值，就要大張旗鼓

《呂氏春秋》豈真一字不能改？呂不韋的目的不外乎藉此哄抬自己的地位與價值，影響視聽，作為爭權奪利的政治籌碼。

秦始皇嬴政年幼繼位，任用原爲大商人出身的相國呂不韋輔政。當時，其餘六國的宗室貴族，爲了籠絡人心、增強實力，均各自廣招天下人才，其中最著名的有魏國的信陵君、楚國的春申君、趙國的平原君、齊國的孟嘗君，號稱「養士四公子」，家裡都養著上千名有學問的門客，名聲很大。

呂不韋認爲，像秦國這樣的強國，應該招納更多的學者名士，給他們更高的待遇才是。於是他廣納賢士，門下擁有賓客三千，家僮萬人。

這些文人在他組織之下，共同編寫了一部二十六卷，多達二十多萬字的巨著，內容包羅萬象，通貫古今，題名為《呂氏春秋》。此書集周秦諸子思想之大成，匯合了先秦各派學說精髓，後來被稱為「雜家」，意指集結各家之長，從中反映了許多當時先進的政治思想。

呂不韋下令把全書掛在京城咸陽的市門上，一旁放著千金重賞，公開宣佈說：「若有誰能指出書中不足，增加或刪去一字者，賞給千金。」

呂不韋這樣大張旗鼓地宣傳，其實也是為了擴大自己的影響力，藉以張揚權勢。那時人們懾於呂不韋的位高威重，誰也不願出面指摘《呂氏春秋》的缺失，所以著作公佈了一個多月，雖然前來觀看的人成千上萬，卻始終沒有一個人敢出來改動一字、領取千金之賞。

於是，呂不韋下令集中人力抄錄全文傳送各地，他的名聲也因此遠揚天下。

及至秦始皇成年親自掌握政權後，對呂不韋產生疑忌，終於免去他的相國職務，逼他服毒自殺。呂不韋雖未能善終，但事蹟傳世，《史記．呂不韋列傳》記有咸陽市門千金懸賞的故事，成語「一字千金」從此流傳至今。

思想和戰略固然很重要，但是要用哪些方式來哄抬自己的價值，其實才是最大的挑戰。如果你不懂得戰術運用，那麼不管你自以爲多麼有身價，在別人的心中或許根本就一文不值。

或許呂不韋求取名聲的動機可議，但畢竟達成了目的，流傳下來的這一部《呂氏春秋》，確實爲當時的各家思想，做出了詳實的分類與記錄，是一部極具重要價值的學術著作。

呂不韋門下的食客衆多，集合衆人之力，不斷地修正校改《呂氏春秋》，堪稱當時一大手筆，所以他敢誇耀一字千金，爲秦朝一統天下、治理國家提供了穩固的理論基礎和政治綱要。但是，文字豈眞一字不能改？呂不韋的目的不外乎藉此哄抬自己的地位與價值，作爲爭權奪利的政治籌碼。儘管他的政治思想與秦王政不合，終究免不了遭禍，但仍有一部《呂氏春秋》傳世，算是千金亦值了。

學習水的柔軟與剛強

地勢低窪，水會漸漸聚積，如果前方水道堵住，它也會繼續增多，在關鍵時刻，像猛獸一般衝破所有阻礙。

水性至柔，卻也剛強。人若能領悟並實踐水的精神，即使原本是個弱者，也會變得堅強勇敢，這是從失敗轉向成功的途徑。

春秋時期，夫差打敗了勾踐之後，便令勾踐夫婦為奴僕，勾踐在出發前，將國事託給了大夫文種，只帶著范蠡一同到吳國。

能忍辱負重的勾踐，不管夫差如何羞辱都沒有反抗。

特別是有一回，夫差生了重病，勾踐暗中命范蠡探望，當范蠡回來稟告夫差的病情應當即將痊癒時，勾踐便親自去探望夫差，還以「了解病情」爲由，當衆「品嚐」了夫差的糞便。

試完了糞便，勾踐便向夫差道賀：「大王，小的曾經跟名醫學醫，只要嚐一嚐病人的糞便，便能知道大王的病情。剛剛我嚐過了大王的糞便之後，發現其味酸中帶苦，這是『時氣病』，病症不重，很快便能好轉，請大王不必擔憂。」

過了幾天之後，夫差的病果然好轉，夫差不禁被勾踐的「嚐糞」行爲感動，不久便讓他回到越國去了。

勾踐回國後，生活從簡，臥薪嘗膽，用此提醒自己，不要忘記昨日的凌辱與苦難。種種積極的行動，令衆臣民對他更加敬重與愛戴。

一日，勾踐對他們說：「我預備和吳國開戰，希望諸位肝膽相照，奮勇爭先，我當與吳王頸臂相交，肉搏而死，一償我畢生的宿願。」

終於，吳越兩國在五湖展開決戰，越軍勇猛無比，打得吳國潰不成軍，終於滅了吳國，一雪前恥。

做人要有心機，做事要有心計

越王勾踐的性格像水一般柔中帶剛，水性至柔，卻能滴水穿石，人的力量如果也能像小水滴一樣，不停地朝著自己的目標穿透，總會有成功的一天。

水柔的特性，我們經常得見，當水流被任何事物阻擋時，它便會順著障礙物而流轉。地勢低窪，水會漸漸聚積，如果前方水道堵住，它也會繼續增多，直到水位上升、力量增加，便會在關鍵時刻，像猛獸一般衝破所有阻礙，其勢銳不可擋。

所以，水性至柔亦至剛，水的精神經過人們多次實踐，從中領悟生命運行道理，人可以是弱者，也可以是強者，應該何時柔軟何時剛強，只要我們掌握得宜，失敗或成功也只在轉瞬之間。

08

懂得腳踏雙船最安全

如果你同時與兩位上司共事，
而這兩位上司之間情若冰炭，勢同水火，
你就不得不考慮「腳踏兩條船」的技術性問題。

用心，才會讓人感到貼心

所有的禮數、服務都是在意料之中，那些都是「應該的」，服務人員更要多花點心思，提供一些不只是「應該」的服務。

日本經營之神松下幸之助曾說：「不管是經營者或是企業員工，都要有正確的人生觀、事業觀，以及正確的服務觀念。」

在經濟不景氣而又競爭激烈的年代，幾乎所有想要生存下去的企業，都挖空心思地改善自己的服務品質。

其中，不斷加強自己的服務內容與服務態度，來收買消費者的心，正是企業能否屹立不搖的重要關鍵。

巴黎希爾頓飯店一向舉世聞名，以良好的服務在飯店業裡獨占鰲頭，然而其最大的致勝原因，是服務人員善於察言觀色，懂得用「心」對待每一位客人。

有一次，一位美國女士來到巴黎觀光，下榻在希爾頓飯店。當她在服務台前辦理住房手續時，飯店經理注意到這位女士極注重個人的服裝造型，不只身上穿著一身鮮紅的衣服，腳上穿的鞋子、頭上戴的帽子、手上拎的皮包也都是紅色，就連頭髮、指甲也都染成了紅色。

經理看出了這位女士對紅色的偏愛，於是趁她出門逛街的空檔，下令服務員把這位女士的套房重新佈置。無論是地毯、燈罩、窗簾、床單、椅套等，全部都換成那位女士所喜愛的鮮紅色，甚至連浴室裡的牙刷、毛巾也不放過，最後還在房內擺上一盆鮮紅的玫瑰花，想要給那位客人一份驚喜。

等到那位美國女士觀光回來之後，發現自己的房間已經過一番精心打理，入目皆是自己喜愛的紅色時，簡直像中了彩券般的喜出望外，頓時感覺窩心不已。

隔天，她不只親自向飯店裡的每一位員工道謝，還簽下了一萬美元的支票給服務人員當作小費。在她離開時，還留下了一句話：「這是我所住過最棒的飯店。」

服務，就是要用心，讓顧客感到貼心。

不只是一套完善的服務流程，偶爾靈機一動的小點子，讓出乎客人意料之外，才更能夠更打動客戶的心。

大多客人都有一種「預期心理」，認爲五星級飯店就應該要有五星級飯店的品質，花錢的是大爺，所有的禮數、服務都是在意料之中，那些都是「應該的」。因此，服務人員更要多花點心思，提供一些不只是「應該」的服務，顧客才能夠感受到飯店的誠意與熱忱，用另外的觀點來評價這家飯店。

常常聽人說，客戶是欲求不滿、對別人要求最多的一種人，反過來想，服務業也應該是樂於付出、對自己要求最多的人。

如果能夠在對方開口要求前先滿足他的需求，對方的要求不只會減少，雙方的滿意度也才能提高。

溝通需要一點心理戰術

同理心的運用，不是為了騙取認同或服從，因為一旦敷衍了事，反撲的力量是不可輕忽的。

歌德曾說：「決定一個人的一生，以及整個命運的，只是一瞬之間。」

那「一瞬之間」指的是你的態度、你做事的方法；每個人都有相同的目標，卻因選擇的道路不同，走路的方式不同，結果也有了天壤之別。

愚蠢的人爲了無謂的小事而浪費光陰，聰明的人卻善於運用人性的心理達成目標，因爲他們知道，解決事情的方法永遠不只一個。

西元一四七年，出身名門閨秀的梁瑩，從眾多佳麗中脫穎而出，即將成爲東漢桓帝的第一任皇后。

當時，爲了確保龍子龍孫的「優生」，宮裡已經有了針對皇后和妃子進行的婚前檢查，由一位名叫吳姁的女官，執行這項任務。

吳姁奉旨來到梁府，在深閨中，她先觀察了梁瑩的外貌形態，接著再閉緊門窗，以進一步深入檢查。

當吳姁要求梁瑩脫光衣服時，這位金枝玉葉的梁瑩，平日獨自洗澡慣了，連自己也不敢多看自己的身體一眼，如今竟然要在別人面前脫光衣物，自然是堅決不從。

奉旨行事的吳姁，心急地說：「這是皇家規矩，不可違抗啊！」

但是，不管吳姁如何好說歹說，梁瑩仍然不肯依從。

這時，吳姁眉頭一皺，湊近梁瑩的耳邊，小聲地說：「恭請皇后遵照皇帝旨意和皇家規矩行事。」

梁瑩聽到「皇后」二字時，心中微微一震，登時放棄了堅持，脫掉了上衣，然而當她脫到僅剩一件貼身衣物時，又忍不住猶豫起來。

於是，吳姁再次靠近梁瑩，說：「皇后冊封的盛典，已經迫在眉睫，不容再作拖延，還請皇后恕罪，請皇后恕罪！」

就這樣，吳姁一面親手幫她除去衣物，迅速地完了檢查。

做人要有心機，做事要有心計

爲了取得別人的信任，我們不也經常利用這樣的「同理心」，以話語之中的暗示來取得別人的認同？

同理心，也可以說是將心比心，是把溝通者的思考，轉移到他最能感受與認同的角度。但是，同理心的運用，不是爲了騙取認同或服從，因爲一旦充滿權謀，反撲的力量是不可輕忽的。

像經營公司，面對員工時，心理的轉化是很重要的，有時候，我們可以請員工換個角度替老闆想想，而老闆同時也在不損害同仁利益時，推心置腹地爲員工設想。以相互體諒的「同理心」，爲公司創造彼此的雙贏，這才是最好的溝通技巧。

懂得腳踏雙船最安全

如果你同時與兩位上司共事，而這兩位上司之間情若冰炭，勢同水火，你就不得不考慮「腳踏兩條船」的技術性問題。

關於我們經常在生活中或職場裡遭遇的那些小人、惡人、壞人，英國文豪狄更斯在《雙城記》有過這麼一番深刻的描述：「他長久以來就習慣躲在人性的偏僻角落裡搭窩造巢，而忘記人性中還有可較寬闊和美好的天地。」

當然，通常我們所遭遇到的，都只是那些因爲一時的利害糾葛而不經意流露個性上缺失的小奸小惡之徒，眞正的大奸大惡，往往貌似忠厚善良的好人，不是可以從言行輕易判斷的。

想要在既現實又複雜的社會叢林活下去，有時候要學會「腳踏兩條船」的本領。

說到「腳踏兩條船」，很多人會皺著眉頭說，這豈不是騎牆派的做法嗎？跟用情不專的人有什麼兩樣？

其實，這是一種很大的誤解，應該改變自己的認知。

第一，職場不是情場，上司不是你的愛人；腳踏兩條船只是適當地分散風險，而且在實際工作領域中，這是經常碰到的事。

第二，所謂的「腳踏兩條船」是指在晉升之途是窮凶極惡的，絕對不要逼自己一直走在鋼絲上，否則可能遭到不測。

法國的奧塞多維亞先生是世界上聲名赫赫的走鋼絲的專家，但是最後卻從橫跨兩座山之間的鋼絲上摔下，跌落山谷而亡。奧塞多維亞曾於一九九七年走過固定在長江三峽兩岸的一根鋼絲，也走過無數次世界著名高樓大廈上的鋼絲，可是他最終還是因爲一時不小心而粉身碎骨了。

在人生旅途中，千萬不要學奧塞多維亞那樣，爲了要展現藝高膽大，一直將自己置於高度危險的環境。

我們不能死心塌地跟定一個上司，因爲，在很多時候，上司之間的既競爭又合作關係極爲微妙，或者變幻莫測。

如果你同時與兩位上司共事，而這兩位上司之間情若冰炭，勢同水火，你就不得不考慮「腳踏兩條船」的技術性問題。

如果你不這樣未雨綢繆，而是選擇跟定其中某一人，一旦有什麼閃失，那麼另外一位就會藉機將箭頭瞄準你，置你於「死」地，而你效忠的對象則有可能將你當成「擋箭牌」，任你白白犧牲。

但是，想要腳踏兩隻船必須踏得巧、踏得妙，否則極容易落水溺斃。

首先，你不能赤裸裸地表明這樣的態度：這是你們兩個之間的事，我不想捲入，哪個我都不想得罪。

擺明這種態度的話，他們兩個可能都不會對你有好感。他們或許會認爲你表面這樣說，實際上是和另一方暗中「勾結」，或許認爲你就像寓言故事裡的蝙蝠一樣，是個騎牆觀望的投機傢伙。

結果，你就眞變成了寓言裡可憐的蝙蝠，兩邊都不要你，兩邊都不理睬你，有什麼機會或好處也輪不到你。

如果你同時與兩位上司共事，明智的辦法應該是，要儘量協調他們之間的矛盾，至少不要在他們中間煽風點火，擴大事態。而且要經常和他們溝通，表示自己夾在中間處境十分爲難。

如果甲上司叫你去做某事，你明知乙上司會反對，那麼你就應該主動跟乙上司談談，告訴他這是甲上司的意思，與他研究應該怎麼辦，有沒有不妥之處。

在這種情況下，乙上司就很容易理解你的苦衷，即使最後你照甲上司的意思去做了，他也不會因此而忌恨你。

如果乙上司堅決不同意甲上司的意見和做法，那麼，他也不會把這個問題推給你，他會直接找甲上司交涉。

你只有這樣「乖巧」一點，才不至於成爲雙方權力鬥爭的犧牲品，才有可能左右逢源，爲自己鋪起一條金光大道。

不要淪為別人的「陪葬品」

過於強調自己與某位上司的從屬性和依附性，明目張膽地搞派系、搞山頭主義，會引起其他人的反感，也會損害上司對你的印象。

權位、利益歷來都是人心的試金石，在職場上，上司因爲職位升遷而翻臉不認人的例子，更是不勝枚數。

有的人不懂得腳踏兩條船的奧妙，一開始就認爲自己是屬於某一方，然後死心蹋地跟定他，上司叫做他做什麼，他就做什麼，甚至玩弄一些陰險的伎倆，從中挑撥離間，加劇兩個上司之間的矛盾。

必須記住，儘管現在已是民主自由的時代，但是許多人的潛意識裡還殘存著傳統觀念——既然你「生」是某方的人，那麼，一旦你的「主子」出了事，你這個做

「奴才」的也得跟著完蛋。

既然如此，你又何苦成為別人的「陪葬品」呢？

此外，你所跟定的上司一旦調往其他地方或部門，而未將你一起帶走，那麼你也勢必成為第一個被剷除的對象，而且沒有人會同情你的「悲慘」遭遇。

在工作圈裡，既要「選邊站」，又要「腳踏兩條船」，兩者會不會相互矛盾呢？乍聽起來，「腳踏兩條船」與「選邊站」是針鋒相對的，其實並非如此。細心的人一眼就能看出來，兩者所強調的只是重點不同而已。

「選邊站」側重於你在職場上，不可能置身於特有的社會聯繫和規律之外，你別無選擇，必須參與。

你不能像蝙蝠那樣既不加入鳥類這邊，又不加入獸類那一邊，過於騎牆投機，最後會使你輪為一個可憐的棄兒。

而「腳踏兩條船」則側重於，要善於處理自己與兩位或兩位以上的上司之間的關係，善於協調、消除他們之間的爭鬥、誤解等各種矛盾，而不是像封建時代的臣子一樣，一味講求什麼「忠臣不事二主」。

想要在職場闖出一片天地，就要具備一些心機，既要讀懂上司的心，也要懂得一些攻心術，更要保持理智，不要感情用事。

職場不是情場，上司也不是你的情人，對於自己追隨的人太過於忠心耿耿，最後吃虧的還是自己。

過於強調自己與某位上司的從屬性和依附性，明目張膽地搞派系、搞山頭主義，會引起其他人的反感，也會損害上司對你的印象。

不過，必須強調的是，無論是「腳踏兩條船」也好，還是「選邊站」也好，我們都應將個人利益和團體的利益結合起來。

「不念舊惡」才能獲得更多

身為一個領導者，一定要以更寬闊的胸襟寬恕別人的過錯，如果你老是計較「一箭之仇」，只會淪為平庸之輩，很難有所作為。

蘇格蘭作家貝利曾經說：「思想和戰略固然很重要，但是要用哪些人實施這些思想和戰略，其實才是最大的挑戰。」

這番話提醒我們，選用人才的時候要有寬闊的心胸，只要是恰當人才，就要不念舊惡地妥善運用。

春秋時期的大政治家管仲尚未發跡之前，曾經和他的好朋友鮑叔牙一起前往齊國謀求政治前途。到了齊國，鮑叔牙投靠齊襄公的弟弟公子小白，而管仲則投靠齊襄公的另一位弟弟公子糾。

齊襄公荒淫無道，公子小白和公子糾都生怕齊國發生內亂，自己無端受到牽連，於是小白便由鮑叔牙侍奉逃往莒國，公子糾則由管仲和召忽侍奉逃往魯國。

不久，齊國果然爆發嚴重內亂，齊襄公被殺身亡，消息傳出後，公子糾和公子小白都想搶先趕回到齊國登基爲王。公子糾爲了達到目的，派管仲帶兵攔殺小白，管仲發箭射中小白的帶鉤，小白假裝被射死，反而搶先回到了齊國，被臣僚擁立爲國君，就是後來赫赫有名的齊桓公。

魯國這時也派兵送公子糾回國繼位，齊桓公於是發兵打敗了魯國，並逼迫魯國殺了公子糾，召忽自殺身亡，管仲被囚送往齊國。

齊桓公原本想要殺掉管仲，以報一箭之仇，但是鮑叔牙極力舉薦管仲的才能，並且對齊桓公說：「管仲的治國能力遠遠超過我，我在許多方面都不如他。齊國要想強大起來，棄管仲而不用是不智之舉。」

鮑叔牙還說：「管仲之所以要殺你，只是忠於自己的上司而已。過去他能夠如此忠心於自己的上司，日後也一定可以再忠心於你。如果能重用管仲，齊國一定能夠強盛起來。希望你切莫錯過了這個奇才。」

於是，齊桓公親自將管仲從囚車中釋放出來，促膝長談竟達三日三夜，大有相見恨晚之憾。隨即，齊桓公拜管仲爲相，將治國的重責大任交給了他。

管仲的確有治國才能，經過幾年努力，終於輔佐齊桓公成就了空前霸業，使他成爲「春秋五霸」中第一位會盟諸侯的霸主。

西漢衰亡之後，外戚王莽建立了一個新政權——新朝。新朝年間，天下大亂，群雄競相逐鹿，屬於漢室後裔的劉秀也起兵於漢水一帶。當時局勢混亂，勝敗難以逆料，劉秀的部下當中有人寫了密函，想要投靠其他角逐者。

不料，劉秀最後壓倒各路競逐帝位的群雄，即位爲漢光武帝，並搜獲了幾千封這樣的密函。然而，劉秀不但沒有拿這些信函作證據一一追查，誅殺這些吃裡扒外的內奸，反而下令全部燒毀。

這個舉動消除了部屬的疑慮和恐懼，增強了新政權的安定團結。那些「反臣賊子」們更是暗中感激涕零，誓死將功贖罪，報答不殺之恩。

《聖經》裡面有一句話頗能給我們一些啓發：「如果有人打你的左臉，那麼，你就將右臉伸過去讓他打。」

這句話不僅僅教人要有忍辱負重的涵養，更積極的意義是，想要成爲高人一等的人物，就要有「不念舊惡」的氣度。

身爲一個領導者，一定要嚴以律己，寬以待人，以更寬闊的胸襟寬恕別人的過錯，如果你老是計較「一箭之仇」，只會淪爲平庸之輩，很難有所作爲。

「不念舊惡」才能獲得更多。齊桓公和劉秀就是最好的典範，如果他們一味計較舊日的恩怨和部屬吃裡扒外的行徑，就不可能開創曠世的功業。

適時認錯，會有意想不到的效果

無意中犯了錯誤，只要坦誠認錯，很容易得到別人的諒解，無損自己的威信。相反的，欺上瞞下的做法遲早都會敗露，搞得你狼狽不堪。

懂得適時原諒了錯誤的小人，在最關鍵的時刻，他就有可能發揮本身的功效，變成自己生命中的貴人。

戰國時期的秦穆公，是一個勇於認錯的國君。

有一次，他的一匹可以日行千里的良駒跑丟了，被一群不知情的窮百姓逮住，並殺掉吃了。當地官員得知後大驚失色，深怕秦穆公氣憤之餘怪罪到自己頭上，連忙將分食過馬肉的三百人都抓起來，準備統統處死。

秦穆公聽到稟報後卻說：「不能因爲一頭牲畜而害死這麼多人。」

於是，他將被拘禁的百姓全數釋放，並且誠心向他們致歉，說自己管教不力，才差點讓地方官員鑄成處決三百條人命的大禍。

後來，晉國發兵大舉入侵，秦穆公率領軍隊抵抗，這時有三百勇士主動請纓參戰，原來，他們正是被秦穆公釋放的三百壯士。

很多領導者認爲，自己的威信只能立不能挫。這種想法相當程度誤解了威信的意義，以致於把立威立信誤認爲護短、諉過，自己做錯了事就想盡辦法欺上瞞下，既不虛心認錯、檢討，又不接受別人的批評、建議。

這種領導人的特性是，凡事只能說他好，不能說他壞；只能報喜，不能報憂。然而，這與掩耳盜鈴有什麼區別呢？

古代有個笨賊，因爲害怕自己在行竊時主人家中的警鈴會發出響聲，所以想了一個自以爲相當絕妙的辦法——把自己的耳朵堵起來，這樣就聽不到鈴聲了。結果，主人還是抓住了他。原因就在於，他雖然堵住了自己的耳朵，卻無法堵住別人的耳朵。

你願意當這種「掩耳盜鈴」的領導人嗎？

在大街上不小心冒犯了別人，只要輕輕說聲對不起，就會皆大歡喜；如果舌頭懶得動一下，就可能演變成一場街頭血戰。

同樣的道理，無意中犯了錯誤，只要坦誠認錯，很容易得到別人的諒解，並能贏得大家的信任，更無損自己的威信。坦承自己的錯誤，有時還會像秦穆公一樣，發揮意想不到的效果。

相反的，那種自作聰明、欺上瞞下的做法遲早都會敗露，而且一旦敗露，即使是很小的事情也會搞得你狼狽不堪，下不了台。

這種情形，就是古諺所說的「偷雞不成反蝕米」、「聰明反被聰明誤」。

讓部屬照亮你的人生之路

一個英明的領導者，不論什麼時候都不能忘記誠心誠意地對待你的部下，從而讓你的世界亮麗起來，因為，部屬可以照亮你的人生之路。

每個人都會有判斷上的盲點，在經營事業或日常生活當中，有時也會出現無法解決的難題，因此，要懂得接納別人的建議，在尋求問題的解答之時，更應該建立暢通的溝通管道。

美國前總統雷根被人們稱爲「偉大的溝通者」，絕非是沒有緣由的胡吹瞎捧。在他漫長的政治生涯中，自始至終都深切地體會到與各階層人士溝通的重要性。即使在他的總統任期內，他也堅持花一定的時間收閱來自美國四面八方的民衆來信，以誠心來傾聽他們的心聲和內心感受，瞭解國民的心態和感受，並把這些作爲自己決策的重要依據之一。他請白宮秘書每天下午交給他一定數量的信件，看過之後，他還要利用晚上的時間親自回信。

一百多年前的亞伯拉罕．林肯總統也是一位爲人稱道的「平民總統」。當時，凡是美國公民都可以直接向總統請願，林肯總統會請秘書或白宮其他官員做出答覆，有時候，他自己也會親自回覆請願者。

爲此，林肯總統還曾經遭到一些批評。因爲，當時正是美國南北戰爭、北方諸州緊急待援的時候，很多人大惑不解地問道：「爲什麼你要花這麼多時間，去處理這些瑣碎的事情呢？」

林肯常常如此回答說：「我認爲，瞭解民意是美國總統的首要職責，因爲我是人民選出來的總統。如果，我在某些方面做出了不利於美國人民的事情，我想上帝都不會原諒我的。」

福特汽車公司北美市場部處長理查德．芬斯特梅切爾，也是一位相當注重溝通的行銷高手，他常常對他的同事們說：「我辦公室的門永遠是開著的，如果你經過時看見我正在座位上，即使你只想打個招呼，隨時歡迎你進來。如果你想告訴我一個新點子，或提什麼新建議的話，也歡迎你進來坐坐。千萬不要以爲必須通過分處經理才可以和我說話。」

要唸好人際關係這本經，並不像圓滑世故、花言巧語那麼容易，也不像故弄玄虛那麼莫測高深，訣竅就在於溝通。

有了一個「誠」字，就具備了處理好各式各樣人際關係的基本前提和條件；反之，則成爲無益的空談。

一個英明的領導者，不論什麼時候都不能忘記誠心誠意地對待你的部下，如此才能拉近心與心之間的距離，從而讓你的世界亮麗起來，因爲，部屬可以經由溝通而照亮你的人生之路。

跟著別人的腳步走，很難出頭

不一定每件事都非得循規蹈矩，一味地模仿別人或是依照自己的經驗法則，無法展現你的魄力！更無法表現你的創造力！

商場如同戰場，抓住時機是最重要的。只要我們能分析具體情況，推陳出新，制定出相應的對策和方法，便能出奇制勝。

歷史上著名的戰術和兵法何其之多？火牛陣曾令田單復國，一時揚眉吐氣，但是，如果進入崎嶇不平的山地，性子再烈的牛，恐怕也只能望山興歎了。而破釜沉舟、四面楚歌，也是實際情況下靈活運用的成果。

雖然趙括和馬謖頭腦聰慧，能把先人傳下的兵法陣式背得滾瓜爛熟，但是行動上卻是教條主義者，不懂得靈活運用、依勢而治，所以，一個戰敗長平，四十萬將士被坑殺；一個則失守街亭，毀了蜀漢的王圖霸業，自己也落得身首異處。

《孫子兵法》之所以能傳世而不朽，在於後世優秀的將領巧妙地運用了死板的陣勢和方法，因爲地形不同，敵我力量對比不同，如果沒有靈活運用，終究只會讓自己落入險境！

日本的圍棋高手高小秀格，曾以「流水不爭先」爲座右銘。

他和別人對弈時，常把陣式佈置得如同緩緩的流水一樣悠閒散漫，讓對手掉以輕心，絲毫不加戒備，但一經發動，自己的陣勢卻能在瞬間聚湧成流，發揮無限能量，於是對手在驚慌失措中迅速被擊潰，這其實也是《孫子兵法》精髓的活用。

《孫子兵法》中提倡用兵如水，強調「兵形如水」，認爲作戰的陣形應該和水一樣，看似柔弱卻無堅不摧。

流水無處不在，完全依借地形的不同塑成自身的形狀，使用自己內蘊的力量來改變自己所處的環境，水少則水滴石穿，改造萬物形狀；多則聚湧成潮，摧枯拉朽。用兵也一樣，千萬不能拘於舊有的兵法戰術而不得伸展。

做人要有心機，做事要有心計

商場如戰場，《孫子兵法》講的雖然都是排兵佈陣之法，但其中的內蘊和道理是和經商之道相通的。

現在國內外許多大企業家，金融鉅子都潛心研究《孫子》，從中悟出經商賺錢的訣竅，恐怕昔日的孫子也未曾想到，自己的兵法能在現代發揮如此巨大的作用。

不一定每件事都非得循規蹈矩，一味地模仿別人或是依照自己的經驗法則，無法展現你的魄力！更無法表現你的創造力！

做生意的原則是爲了賺錢，絕對不能只是因循守舊，不思創新，否則只能眼見別人賺錢而自嘆時運不濟啊！

其實，成功沒有什麼高深莫測的秘訣，商場就如同戰場，只要懂得「兵行如水」的道理，能抓住時機就對了！

要有禮賢下士的雅量

職務越高，往往和下屬的距離越遙遠。如果不趕快設法改善的話，實際上是親手斬斷了你翱翔於藍天的翅膀，親手扔掉了你划船的槳。

戰國時候的魏國國君魏文侯是一個禮賢下士的典型。

據《史記》和《漢書》記載，魏國有一個叫段干木的人德才兼備，在民間聲望頗高，但是，他一直隱居在一條僻靜而人跡罕至的陋巷裡，不願意出仕當官。

魏文侯求賢若渴，很想重用他，因此想先與他見見面，向他請教治理國家的策略方針。有一天，魏文侯坐著馬車，親自到段干木所居住的巷子去拜訪他，可是，段干木聽到魏文侯與馬車的喧鬧聲，就急忙翻牆而走了。

魏文侯無可奈何，只好叫部下打道回府。

幾天之後，魏文侯接二連三前去拜訪，段干木都不肯相見。

但是，段干木越是這樣，魏文侯就越是敬重和仰慕他的氣節和才華，每次路過他的門口，都要從座位上站起來，扶著馬車的欄杆，翹首仰望良久。

魏文侯手下的僕從對此頗有微詞：「這個段干木也太不識抬舉了，連國君誠心誠意拜訪他，都敢避而不見，這種目中無人的人，您還理會他幹什麼呢？」

魏文侯搖搖頭說：「段干木先生是個非常了不起的人。他不趨炎附勢，不貪圖富貴，品德高尚，學識又淵博，這樣的君子，我們有什麼理由不敬重他呢？」

後來，魏文侯乾脆放下國君的架子，不乘車馬，也不要僕從隨行，身著布衣平民的打扮來到段干木先生的家裡，這回總算見到了他。

魏文侯非常恭敬地向段干木請教國家大事，段干木被魏文侯的誠意所感動，於是就為他出謀劃策，提出了不少治國策略。

魏文侯想要請段干木出任魏國宰相，但段干木無論如何不肯出任。魏文侯不得已，只好退而求其次，拜他為師，並經常去看望他，隨時聽取他的意見和建議。

魏文侯拜訪段干木的事情很快就傳開了，各國百姓都知道魏文侯是一位不擺國君架子，禮賢下士的明君。

於是，一些富有才學的傑出人士紛紛投奔魏國，不但獲得重用，也受到十足的禮遇和尊重。譬如，政治家翟璜、李悝輔佐魏文侯變法圖強，廢除奴隸制度，進行政治、經濟改革，使得魏國不久就躍爲當時的戰國七雄之一。

爲了在人際關係中做到誠心正意，我們必須學習魏文侯禮賢下士的雅量，敞開自己的心房，誠心誠意與別人溝通，不管對任何人，在任何時間、任何地點，都要表現出自己的誠意。

位居高層的企業主管或領導人，很容易與同事、下屬、顧客和龐大的消費者疏離，而且職務越高，距離越遙遠。如果不趕快設法改善的話，實際上是親手斬斷了你翱翔於藍天的翅膀，實際上是親手扔掉了你划船的槳，無疑是身爲一個領導者的大忌。

09

言之有理，方能達成説服的目的

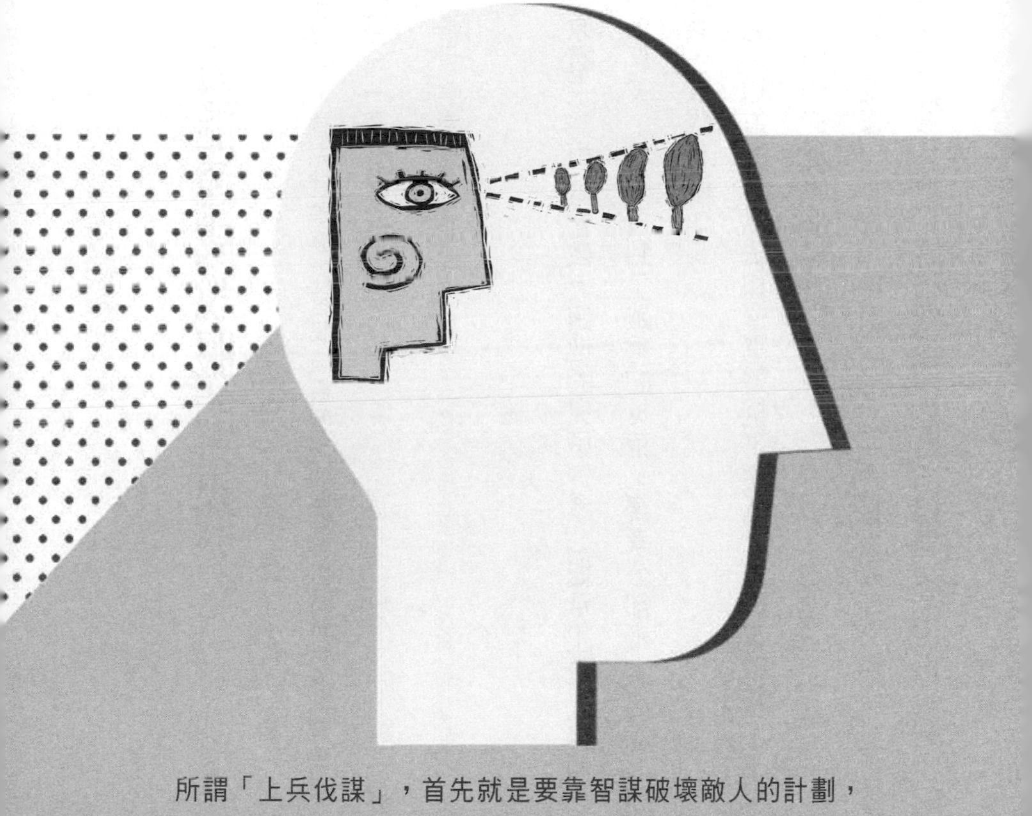

所謂「上兵伐謀」，首先就是要靠智謀破壞敵人的計劃，若戰略能夠掌握得當，便可不費一兵一卒就達到目的。

言之有理，方能達成說服的目的

所謂「上兵伐謀」，首先就是要靠智謀破壞敵人的計劃，若戰略能夠掌握得當，便可不費一兵一卒就達到目的。

春秋時期，中原霸主齊桓公死後，由他的兒子齊孝公繼承王位。魯僖公二十六年，西元前六三四年夏天，魯國遭到了嚴重的災荒，齊孝公卻乘人之危，親率大軍浩浩蕩蕩地向東進兵，攻伐魯國。

魯僖公得知消息，知道魯軍無法和齊軍對抗，便派大夫展喜帶著牛羊、酒食去犒勞齊軍，順便拖延他們的進軍速度。

這時，齊孝公的軍隊還沒有進入魯國國境，展喜日夜兼程，終於在齊魯邊界上遇到了齊孝公。展喜對齊孝公說：「我們魯國的君王聽說大王親自來到我國，特地派我前來慰勞貴軍。」

「你們魯國人害怕了嗎？」齊孝公傲慢地說。

展喜是個能言善辯的人，不卑不亢地回答說：「那些沒有見識的人可能有些害怕，但我們魯國的國君和大臣們卻一點也不害怕。」

齊孝公聽了，輕蔑地說：「哼，你們魯國國庫空虛，老百姓家中缺糧，田地裡別說莊稼了，就是連草也看不到，你們憑什麼不感到害怕呢？」

展喜仍胸有成竹，不慌不忙地說：「我們依仗的是周成王的遺命。當初，我們魯國的祖先周公和齊國的祖先姜太公，忠心耿耿、同心協力地輔助成王，廢寢忘食地治理國事，終於使天下大治。成王對他倆十分感激，讓他倆立下盟誓，告誡後代的子子孫孫要世代友好，不互相侵害，這都是有歷史記載可尋的。我們的祖先是這樣友好，大王您又怎麼會貿然廢棄祖先的盟約，進攻我們魯國呢？我們正是依仗著這一點才不害怕。」

齊孝公聽了，覺得展喜言之有理，也擔心自己的行徑遭天下非議，就打消了討伐的念頭，班師回國了。

德國心理學家馬克·拉莫斯曾經提醒我們：「不管贊成或者是反對某件事，兩種意見總是會有大量的理由。語言的藝術就在於你如何充分地表達，但是百分之九十九的人，卻經常忽略說話的重要性。」

從許多歷史故事，我們可以得知語言的力量勝過千軍萬馬，因此，想要成功地使事情朝自己期望的方向發展，就不能不加強自己說話的方式。

齊國大，魯國小；齊國強，魯國弱，齊孝公想趁人之危，但展喜的一席話，不只有理有據，大義凜然又委婉動聽，說得齊孝公無話可答，只好收兵。展喜充分地發揮了外交上的長才，說之以理，免去了一場無謂的戰爭。

所謂「上兵伐謀」，首先就是要靠智謀破壞敵人的計劃，若戰略能夠掌握得當，便可不費一兵一卒就達到目的。展喜既顧全了齊孝公的顏面，又以機智勸退齊軍，稱得上是一次外交上的勝利。

執行力來自意志力

用人不疑，疑人不用，如果不能信任執行部屬的判斷與執行能力，反而要處處幹涉，不如不用，以免浪費時間。

東漢扶風郡茂陵（現陝西省興平縣東北）人耿弇，幼年時見到操練兵馬，威風凜凜，便立志從軍。他後來加入劉秀的軍隊，屢建戰功，被任命爲大將，是漢光帝中興漢室和鞏固政權的重要將領。

有一次，劉秀命耿弇率軍，去攻打佔據山東青州十二郡的豪強張步。張步兵強馬壯，極難對付，是東漢初期之一大威脅勢力。而張步聽說耿弇將率兵來攻，就派大將軍費邑等人分兵把守曆下、祝阿、臨淄（均在山東境內）等地，準備迎擊。

耿弇先攻下祝阿，之後再用計相繼攻下了歷下和臨淄。

張步因此著急了起來，親自帶兵反攻臨淄，於是兩軍在臨淄城外進行了一場生死搏鬥的血戰。在戰鬥中，耿弇大腿中了一箭，可是他仍英勇果敢地用佩刀砍斷箭桿，堅持帶傷戰鬥。

劉秀聞訊，親自帶兵前來支援。在援兵還未到達的時候，部將陳俊認爲張步兵力強大，建議暫時休戰，等到援兵趕到後再發動攻擊。

可是耿弇卻認爲，做事要負責到底，不能把問題留給別人，經過一場激烈的苦拼，耿弇終於把張步打得大敗。

幾天後，劉秀終於趕到臨淄，慰勞軍隊。他在許多將官面前公開誇獎耿弇說：「過去韓信破齊兵於曆下，助高祖開創基業，現在將軍不只攻克祝阿，而且連戰連捷，兩功相仿，更甚其上。從前在南陽時，你曾建議平定張步，我當時以爲你口氣太大，恐怕難以成功，如今才知道，有志者事竟成啊！」

美國總統羅斯福在談論自己的領導藝術時曾經說：「一個最佳的領導者，是一位知人善用的人，而且要讓下屬甘心盡忠職守。」

就算能力再怎麼高強的領導者，也會有自己的侷限與不足，也常常會出現力有不逮或者是分身乏術的情況，這時候就要懂得妥善利用下屬，讓他們幫助自己完成那些棘手的事情。

劉秀帶兵用人，從來不吝惜稱讚下屬。他能信任屬下，充分授權，全力支持手下的正確判斷，因此贏得了部將兵士的忠心與信賴，願意爲他赴湯蹈火，這是他得以順利地復興漢室的一大原因。

所謂用人不疑，疑人不用，如果不能信任執行部屬的判斷與執行能力，反而要處處干涉，不如不用，以免浪費時間。

耿弇既然向劉秀承諾過，自己將盡全力攻破張步勢力，即使遭遇險阻，也不輕易退卻，這是他對事情認眞且負責任的態度。他勇往直前、不屈不撓的精神，值得效法，此事也被後世引申爲「有志竟成」，經常用來惕勵人心，努力不懈終將有成。

魚目混珠只能騙得了一時

拿仿冒品充當真品販賣，雖然表相的真偽難，但品質一用便知，消費者即使一時受騙，終究會識破這欺騙的伎倆。

從前，在街市上，住著一個名叫滿意的人。一天，他在一家不起眼的小鋪子裡，買到一顆徑長一寸、聞所未聞的大珍珠，耗盡了他所有的錢財。

回到家，滿意用最好的材料做了一個盒子，上面鑲嵌了華美的金銀和其他寶石，然後把那大珍珠放置在裡面，嚴密地收藏著。只有在過年過節時，他才會拿出來給知己好友欣賞。

滿意有個鄰居名叫壽量，家裡也密藏了一顆祖傳大珍珠，但他保密功夫到家，始終沒有讓任何人知道。

事有湊巧，不久兩人都得了一種奇怪的病，從此臥床不起，四處問卜求醫，古怪稀奇的藥方也吃了不少，就是不見病情有任何起色。兩戶人家上上下下都急得像熱鍋上的螞蟻一般，但還是一籌莫展。

有一日，街上走來一個郎中，說他能醫治各種疑難雜症。

兩家人連忙將他請到家裡，郎中把了脈，看了病，只說這種病需用到珍珠粉來合藥，才能藥到病除。他匆匆寫下一個方子，就走了出去。

可是，滿意說什麼也不肯殘損那顆稀世之珍，所以就只吃了方子上的藥，壽量則忍痛吃了用家傳珍珠粉合的藥。

幾天以後，郎中來到滿意家問病況如何。滿意如實以告，郎中好奇地說：「我能否看看你的珍寶？」

滿意打開寶盒。「果然是不世之奇珍！」郎中讚嘆道：「你爲什麼不拿著它，到外面去展示它的風采呢？」

至於壽量，則告訴郎中，吃了藥卻沒什麼作用。

「那麼，你把所用的珍珠給我看看。」郎中說。

不得已，壽量掙扎著拿了出來。郎中一看，大笑著說：「這哪是什麼珍珠，這是海洋中一種大魚的眼睛，眞是魚目混珠，哪能治好你的病啊？」

做人要有心機，做事要有心計

有句中國諺語說：「假金都用眞金鍍」，然而，眞金不怕火煉，假金卻不堪一擊，就像故事裡的壽量拿魚眼睛充當珍珠作藥，吃了不但沒有效果，病情沒加重就該感到慶幸了。

現在有些不負責任的商家，拿仿冒品充當眞品販賣，企圖欺騙消費者。雖然表相的眞僞難，但品質一用便知，消費者即使一時受騙，終究會識破這欺騙的伎倆。

在這個爾虞我詐的社會裡，人的本性本來就是狡猾虛僞、欺詐殘忍、言行不一，因此，如果你不想受傷害，就必須具備識破「魚目混珠」的智慧，如此一來才能避開各種陷阱和危機。

光憑勇氣，無法獲得勝利

光有勇氣，沒有妥善的陣勢相助，一旦氣弱，就很容易兵敗如山倒，反而危險。

魯成公二年，齊國派兵攻打魯國和衛國。晉國為了救援，也派郤克率大軍前往，會合魯、衛兩國的軍隊，在鞍地擺開了陣勢，紮下營寨，準備一決死戰。

齊軍中有一員非常勇猛的大將，名叫高固。在決戰的前一天，他就向齊頃公說：「明天交兵，請由我先出陣，我倒要看看晉軍究竟有多厲害！」

第二天，兩軍一交鋒，高固便自己單獨駕了一輛戰車，直衝晉營，一見對面來了一個同樣駕著戰車的晉軍將官，二話不說，舉起一塊大石頭突然向他砸去。那個將官一時沒有提防，被石頭擊中，身受重傷，倒臥在車上。高固則乘機跳上對方戰車，押著他飛跑回營。

高固立下了戰功，便想藉此顯示一下自己的威風，便在戰車後面拴上一棵桑樹，拖著在齊營裡快速跑了一圈。

他一邊駕著戰車一邊洋洋得意地高喊：「誰需要勇氣，快來買啊！我還剩下不少的勇氣沒有用完，可以賣給別人！」

做人要有心機，做事要有心計

所謂「一股作氣，再而衰，三而竭」，兩軍交戰的時刻，彼此的氣勢與鬥志，無形中也影響著戰局。

高固毫不畏懼地朝敵軍陣營衝去，大有「一夫當關，萬夫莫敵」的氣勢，殺得敵軍措手不及，無疑地爲自己的軍隊提升了不少信心。可惜，齊軍光有勇氣沒有妥善的陣勢相助，一旦氣弱，就很容易兵敗如山倒，反而危險。

「驕兵必敗」，這場齊晉之役因爲齊軍師出無名，加上沒有適當的將帥領導，只憑匹夫之勇，最後戰事失利，只好要求和談。

美國管理學家德魯克曾經說過：「就算擁有過人的才能，也並不等於最後一定會擁有過人的成就。一個人的才能，只有透過有條理、有系統的規劃分配，才能得到最佳的表現。」

眞正的管人用人高手，絕對不是有勇無謀之輩，也不會爲了在部屬面前展現本身的若干才能，而讓自己分身乏術、疲於奔命。他們講究的是如何透過心理作戰激發群體的力量，創造屬於群體的勝利。

先充實自己，再掌握正確時機

唯有自己不斷地充實，才有可能跟得上時局的變化和時代的進步，加上多方面的配合，才能立於不敗之地。

戰國時洛陽人蘇秦，年輕時曾師從智者鬼谷子，學習辯術與謀略。學成之後，便周遊列國，希望有朝一日，他的治國謀略能獲得君王們的接納。

秦國是西方的大國，雖然憑藉著有利的地理環境，發展農桑耕織，國力逐漸強盛，但在當時看來，實力還不能與其他大國抗衡。蘇秦來到秦國，想要說動秦王與函谷關以東的國家聯合，因爲，聯盟可以增強勢力，與其他大國一較高低，稱爲「連橫」之計。

但是，秦惠王認爲時機未到，並沒有聽取他的建議，他說：「我們秦國現在就像一隻羽毛還沒生長完全的小鳥，想要一下子展翅高飛，那是不行的。先生你千里迢迢來到這裡開導我，我很感激，至於稱霸爭帝的事，我希望等以後的適當時機來時，再聆聽你的高見。」

在秦國耗費了所有資財，上書十多次，但仍未能說動秦王，蘇秦無奈，只得摸摸鼻子離開秦國回家。

此時的蘇秦，其實也猶如羽毛未豐的小鳥，尚無法振翅高飛於動盪的政治舞台。拖著疲憊的身子和受傷的心回到家裡，家裡人不但不體諒他，還反唇相譏，令蘇秦既難過又難堪。蘇秦歎息道：「妻子不把我當丈夫，父母不把我當兒子，嫂子不當我是小叔，我落得今天的地步，都是秦國的罪過啊！」

蘇秦從此更深入學習，發憤鑽研，立誓要讓天下的君王拿出金銀珍寶、騰出丞相的位置來招聘他。

一年以後，他自信可以說動天下的君王，也相信，擺在他面前的會是燦爛光輝的未來，於是前去謁見趙王，遊說六國聯合對抗西方秦國。

趙王聽了他對時局的分析，覺得十分有理，立即封他爲武安君，賜給他丞相的相印和無數珍寶。從此，蘇秦開始了他令後人刮目相看的政治生涯。

做人要有心機，做事要有心計

唯有自己不斷地充實，才有可能跟得上時局的變化和時代的進步，加上多方面的配合，才能立於不敗之地。

蘇秦初出茅廬，意氣正盛，認爲自己已經有了獨當一面的能力，但是仍沒有辦法取得秦惠王的支持。問題就出在於他的經驗不足，未能審時度勢，時機不恰當，即使是再好的謀略，也無用武之地。

爾後，他重新積極地充實自己，將不足之處徹底彌補，不斷修正自己的論點直至毫無破綻，當然能輕易地說服趙王。

蘇秦積極遊說六國聯合抗秦的「合縱」策略，來自於當年以「連橫」遊說秦王失敗所受的刺激，最後身佩六國相印，使秦國十五年無法踏出函谷關，恐怕是秦惠王始料未及的結果。

想要掩飾真相，只會欲蓋彌彰

說一個謊，就得說一千個謊去圓謊、去遮掩。然而越費事去遮掩，顯露出來的不自然態度，反而更加地啟人疑竇。

崔杼是春秋時齊國的大夫，位高權大，掌握著齊國的軍政大權。棠公是齊國棠邑的大夫。棠公死後，崔杼前去弔唁，一見棠公的妻子棠姜是個絕色美人，被深深地迷住了，便不顧眾人的勸阻，強娶了棠姜。

齊國國君莊公，也是個好色之徒，明知崔杼已娶了棠姜，卻暗中與棠姜私通，事情被崔杼知道了，非常氣憤，便謊稱自己有病，每天待在家不上朝。

不久，莊公藉探視崔杼的機會來看棠姜，於是崔杼就趁機設計陷阱把莊公殺了。莊公一死，崔杼立刻冊立景公爲齊國國君，自己則做了丞相。

齊國負責撰寫國史的官員是個正直的人，儘管崔杼曾多次暗示，要他筆下留情將此事模糊搪塞過去，但是，史官卻以一個歷史家的耿直不阿，堅持如實記述，寫道：「崔杼弒君。」

殺掉自己國家的君主，乃是十惡不赦之罪，爲萬人所不齒。崔杼看過後自然感到十分氣惱，心想：「既然你不能網開一面，那我豈能給你生路？」一怒之下，就把那名史官殺了。

誰知繼任的史官個性不改，仍秉筆直書。

崔杼又想：「既然殺一個還不足以堵住你們的嘴，我又何妨再殺一個，看你們怕不怕！」於是，崔杼就又殺了史官。

接著，他又爲此殺了第三任史官。

到了第四任史官，仍堅持原則，不爲所動。崔杼沒辦法，只好放棄。

美國人際關係大師漢克．威廉斯曾經奉勸那些控制不了自己的慾念，急於冒出頭的人：「地獄其實就是你自己，當你完全無視客觀環境的變化，滿腦子只想著自己的需求，你這時的處境便是地獄。」

故事中的崔杼就是這樣滿腦子只想著自己需求的人，敢做不敢當，既要裡子，又要面子。

無論崔杼如何想把自己的醜事掩飾過去，但卻因一連殺了多名史官，而適得其反，將罪惡暴露得更明顯，這眞是「欲蓋彌彰」。

說一個謊，就得說一千個謊去圓謊、去遮掩。然而越費事去遮掩，顯露出來的不自然態度，反而更加地啓人疑竇。一旦罪證確鑿，又如何能杜絕攸攸之口呢？

崔杼弑君的行徑，罪行已不容赦，只因他位高權重，無人敢起而抗爭。但史官記史，秉實記錄是他們的工作與責任，縱使史官殺得盡，然而事實俱在，卻是永遠抹滅不了的。

言而無信，說話就不會有人相信

偽善是小人最常見的面貌，恭維與承諾則是他們最常使用的武器，言而無信則是他們一貫的行徑。

春秋初，晉國呑併了附近一些小國，成爲大國。晉獻公繼位後，一共當了二十多年國君，年老時寵愛妃子驪姬。

驪姬是個很有心機的女人，一心想讓自己的兒子奚齊當太子，將來好繼任爲國君。但是，當時獻公已有申生、夷吾、重耳等八個兒子，其中申生更是早就立爲太子，於是驪姬想辦法要先陷害申生。

一次，她假傳獻公的意思，叫申生去祭祀亡母，祭祀後，將供品拿回來獻給父親，由於她事先在供品中加了毒藥，因此當申生將供品拿回給獻公食用的時候，她便勸獻公讓狗兒先嚐。

沒想到，狗兒一吃馬上死去，獻公勃然大怒，下令左右將申生抓起來。

申生知道遭到驪姬惡意陷害，心想如果此時向父親辯白，受到寵愛的驪姬必定不會受到懷疑；即使貞令驪姬獲罪，那麼間接地也傷了父親的心；如果出逃，則等於承認自己犯了謀殺君父之罪。於是，他只得自殺，以示清白。

驪姬誣陷申生毒害父親，害死了申生後，又誣陷重耳、夷吾二人與申生同謀。結果，逼得這兩位公子不得不逃亡國外。

後來獻公病重，終於冊立奚齊爲太子，將他託付給大夫荀息。等獻公去世，年僅十五歲的奚齊便當上了國君。

大夫里克和丕鄭知道驪姬所作所爲，打算暗中迎回重耳繼任爲國君，但是荀息堅決不同意，於是他們暗中派人刺死了奚齊。奚齊雖死，但驪姬並不就此罷休，又威脅讓荀息輔佐她妹妹的兒子卓子當國君，這時卓子還不足三歲。

里克和丕鄭一不做，二不休，帶兵衝上朝堂，將卓子、荀息當場殺死，並將驪姬押到市場上鞭打至死。

接著，他們派七人去迎接重耳回國當政。但重耳認為自己背著君父出逃，父親死亡時自己又沒有盡到孝心，有失國人期望，所以猶豫不決。

朝中另有人提出請公子夷吾回國繼位。逃亡在梁國的夷吾得知後大喜，但他的隨臣冀芮提醒他，要回國非得借秦國的軍隊幫助不可。於是，夷吾派冀芮出使秦國，以割讓晉國五座城池為代價，換取秦穆公出兵支持，然後在秦國的護送下回晉國繼位，史稱晉惠公。

為了籠絡大臣里克，夷吾在回國前就捎信給他，表示繼位後將賜給他封地。但是夷吾一繼位，馬上就自食賜給里克封地的諾言，對他的權位大加貶抑，更怕他日後反叛擁立重耳，於是決定殺了他。

夷吾派冀芮去向里克傳達命令：「沒有你，我不能當國君，但是，你殺了兩位國君、一位大夫，我再當你的國君，不是太難了嗎？」

冀芮傳達了夷吾的話，里克一聽就明白，悲憤地說：「我的確殺了國君與大夫，但不把他們廢了，主公您怎麼能當上國君？欲加之罪，何患無辭呢？君要臣死，臣不敢不死，事到如今，我就聽從國君的命令吧。」

說罷，里克拔劍自殺而死。

做人要有心機，做事要有心計

夷吾與重耳同時受到驪姬的迫害，不得不出亡他國，但是夷吾回國即位之後，就過河拆橋，不只逼死擁立有功的里克，還派人暗殺重耳，而且對於大力資助他回國的秦穆公也照樣食言而肥。

所以，後來他與秦軍交戰落敗被俘，國中無人同情，反而迎接重耳回國即位。

夷吾言而無信，落得眾叛親離的下場，足見忘恩負義的人必無好結果。

僞善是小人最常見的面貌，恭維與承諾則是他們最常使用的武器，言而無信則是他們一貫的行徑，因爲，虛情假意最能模糊別人的視聽，也最能掩飾自己的卑劣的動機，而背信忘義則是爲了保住自己的既得利益。

現實生活中，吃了小人的暗虧，上當過一次之後，就要懂得小心提防這些騙人伎倆，千萬別再受到第二次欺騙。

用謙虛的心態招攬人才

在現代社會中，「禮賢下士」仍是在上位者對待賢才所應抱持的態度，如此才能招攬許多好人才，集眾人之力必然能獲得更好的成果。

輔佐齊王稱霸的孟嘗君，出行到了楚國，楚王獻上珍貴的象床以示敬意。負責送象床的人叫登徒，心裡並不高興這個差事，就去拜訪孟嘗君的賓客公孫戌，希望公孫戌想想辦法，好讓自己能免除這一件差事，並表示事成後願以祖傳的寶劍作爲報酬。

公孫戌一口答應了下來，之後便去參見孟嘗君，問道：「您接受了楚國的象床嗎？」

孟嘗君點點頭。

公孫戌說：「希望您不要接受。」

孟嘗君詫異地問道：「為什麼？」

公孫戌說：「好幾個國家都讓您執掌相印，是因您振興了齊國，也是因為喜歡您做事的方式和清廉的作風，現在您接受楚國的寶物象床，那麼您還沒去過的那些國家，他們又該如何接待您呢？所以我懇請您別接受。」

「好吧！」孟嘗君終於讓他說動了。

公孫戌見事已成，便快步離開。還沒走到第二道門，孟嘗君便召他回來，問他說：「你教我不接受象床的意思很好。那麼你現在這麼急得趕路，把腳抬得很高，臉上神采飛揚，又是為了什麼呢？」

公孫戌說：「因為我有三件喜事，外加一柄寶劍。」

孟嘗君笑一笑說：「說出來聽聽。」

公孫戌說：「您的那麼多門客都不來勸您，我來了，這是一喜；我的意見您聽取了，這是二喜；我的意見糾正了您的過失，這是三喜。運送象床的人不喜歡這個差事，事成之後許贈一柄寶劍，我也可以拿到手了。」

孟嘗君聽完，不禁又好氣又好笑，說道：「那你快去吧。」

當天，孟嘗君便命人在門前貼了這麼個告示：「有能傳頌我孟嘗君大名，使我免犯過失，在外面還能獲得寶物的人，請進來談談你的建議。」

做人要有心機，做事要有心計

法國哲學家盧梭在《愛彌爾》裡寫道：「對別人表示關心和善意，比任何禮物都有效，比任何禮物對別人還要有更大的利益。」

這番話運用在部屬與上司的關係之中，也相當適用。

孟嘗君以「養士」著名，擁有食客三千人。因爲他廣納人才又厚待賓客，方能在兵荒馬亂的年代中培養勢力，脫穎而出。

由於孟嘗君心胸寬闊，樂於聽取賓客的建議，所以能厚植實力、晉升爵位。在現代社會中，「禮賢下士」仍是在上位者對待賢才所應抱持的態度，如此才能招攬許多好人才，集衆人之力必然能獲得更好的成果。

10

活用戰術才能出奇制勝

真正稱得上戰略高手的，不是那些飽讀兵書，
只會紙上談兵的人，而是那些不拘泥兵法陣圖，
懂得根據實際情勢靈活運用戰術的人。

因勢利導，才能把大事化小

處事就像治理水患，不只要追本究源，查明問題所在，更要因勢利導，才能大事化小，小事化無。

戰國時代，洪水經常釀成災害。當時，有一個名叫白圭的人，自稱是水利專家，專治洪水。一傳十，十傳百，許多飽受水患的地方都想請他來治理洪水。

有一年，魏國也發了大水，魏惠王立即請白圭前去治水。

白圭來到了洪水災區，經過東堵漏、西築堤一番之後，洪水果然退了。

魏惠王見了便大力稱讚他，並賞賜給他許多財物。

白圭高興地回家，半路上正好碰到孟子，於是他得意洋洋地對孟子說：「你看我治水的本領，比大禹還強吧？」

孟子聽了他如此傲氣十足的話，立即反駁：「你講這樣的話，不覺得羞愧嗎？當年夏禹治理洪水，是順著水流的方向將它一一引入大海，不只是治好一地水患，而是控制住洪水，不讓它再危害天下。而你卻只不過是修堤築漏，把水引向鄰國，把鄰國當做蓄水溝，別的地區因此氾濫成災，你這樣做還有一點仁愛之心嗎？」

白圭聽了這一番話，頓時漲紅了臉說：「你不要瞎說，那是不可能的！」

白圭話還未說完，只見遠遠來了一個策馬疾行的人高聲叫著：「白圭，你別走！你把魏國的洪水都引到我們國家來了，我們大王要你立即前往想辦法治水，不然就要你好看！」

白圭一聽，嚇得癱軟在地上。

做人要有心機，做事要有心計

治水不只要看全面，河水從起源開始到入海之地，都要列入考量。白圭卻只求魏境之內河水不再氾濫，一味地堆高防堵，只是讓水流滿溢至其他的地方而已，河道本身的問題仍舊一點也沒解決。

堆高的隄防或許一時未遭水患侵襲，但是鄰國原本的河堤，卻因突然增高的水位而潰堤，使得百姓飽受大水之災，所以孟子才會大聲地斥責白圭做事方法欠周全。

大禹治水，是將河道徹底疏通引流，使得黃河的水位下降，再順勢集結入海，如此才能眞正解決水患。處事亦當如此，不只要追本究源，查明問題所在，更要因勢利導，才能大事化小，小事化無，永絕後患。

法國文豪雨果在他的著作《鐵面人》中，曾經這麼譏諷地寫道：「天底下最可憐的笨蛋，是那些從來不懷疑別人可能言行不一，而對別人所說的話一味地信以為真的人。」

確實如此，現實生活中，像白圭這樣專門欺世盜名卻沾沾自喜的「治水專家」並不在少數，如果不懂得透過觀察看穿他們虛僞的一面，就經常會迷惑於他們的聲名而吃虧上當。

要洞察一個人的眞實面貌，重點並不在於聽他的嘴巴說了什麼，而是用眼睛看他究竟是怎麼辦事的。

不輕信，就不會被謊言蒙騙

危言聳聽之人，多半居心可議，如果只因為道聽塗說，就畫地自限，不敢前進，豈不是什麼事都做不了？

有一年，墨子隻身前往北方的齊國。途中遇見一個名叫「日」的卜算人，他對墨子說：「墨先生，您不能往北走啊，今天天帝正在北邊殺黑龍，你的皮膚很黑，去北方是不吉利的呀！」

墨子一聽，嗤之以鼻說：「我根本不相信你的話！」說完，他繼續朝北走去，但不久，卻因爲北邊的淄水氾濫，無法渡河而折返回來了。日得意地對墨子說：「怎麼樣？我說你不能往北走嘛！遇到麻煩了吧！」

墨子只是微微一笑，說道：「北方淄水氾濫，南北兩側的行人全都受到阻隔。

行人中有皮膚黑的，也有皮膚白的，怎麼大家都過不去呀？」

日聽後支吾著，說不出話來。

墨子又說：「假如天帝在東方殺了青龍，在南方殺了赤龍，在西方殺了白龍，再在中央殺了黃龍，豈不是讓天下人都動彈不得了嗎？所以，你的謊言在我看來，好似拿雞蛋去碰石頭，就算把全天下的雞蛋全砸光了，石頭還是毀壞不了。」

日聽了只好低頭羞愧地走了。

做人要有心機，做事要有心計

墨子理智，凡事講求憑證，絕不迷信，所以對於「日」的警告一點也不放在心上，認爲那是無稽之談，一點也不可信。

「耳聽是虛，眼見爲實」，這句話強調眞理是不容辯駁的，如果只因爲道聽塗說，就畫地自限，不敢前進，豈不是什麼事都做不了？

有理走遍天下，無理寸步難行；危言聳聽之人，多半居心可議，最好不要輕信，親自去見證眞相才是正確的方法。

莎士比亞曾經在《哈姆雷特》裡寫道：「人們往往用至誠的外表和虔誠的行動，掩飾一顆魔鬼般的內心。」

現實生活中，圍繞在我們身邊，那些包藏禍心的小人，通常都有這樣的特徵，有的人外表看起來就像故事中的「日」一樣相當古道熱腸，但是，卻經常在背地裡玩弄挑撥離間的陰險伎倆，或是說些怪力亂神的話語，試圖迷惑別人的心智，而從中獲得某些利益。

因此，千萬不要被別人刻意僞裝的表象蒙蔽，也不要輕信別人所說的流言蜚語，應該審愼觀察他們是否表裡如一。

有能力，也要勇於表現自己

有能力，也要勇於表現自己，當機緣來到，更須像故事中的袁宏一樣毫不要猶豫，緊緊地抓住機會。

有天晚上，東晉豫州刺史謝尙穿著便服，和幾個賓客一起到江上泛舟散心。船隻行駛到一處，忽然聽聞江面上傳來一陣悠揚悅耳的吟詩聲，只聽那詩文辭句優美，音調鏗鏘，謝尙一時興起，便叫人將吟詩之人請來。

過了一會兒，一名年輕人被帶到船上。詢問之後得知他叫袁宏，是停泊在附近一艘貨船上的傭工。他雖然衣著寒酸，但神態氣色俊逸，一番細問下來，知道他剛才所吟誦的詩句是他自己作的，謝尙不禁稱讚了他幾句。

不久，袁宏因爲謝尙的賞識，而被召到州府擔任參軍。後來，當時極有權勢的大司馬桓溫聽說他文才極好，便要他留在府中負責文書起草的工作。袁宏表現得相當稱職，名聲也與日俱增。

桓溫是個極有野心的人，隨著他的權勢越來越大，野心也日漸暴露出來。袁宏對他的作爲感到不滿，從而兩人發生了矛盾與嫌隙。

一次，袁宏寫了一篇《東征賦》，賦中讚揚了東晉許多名士，卻隻字不提桓溫的父親桓彝。桓彝是東晉的忠臣，袁宏因爲對桓溫不滿，故意在賦中不寫，有人勸他寫進去以免無端惹禍，但他不答應。

桓溫知道這件事後很生氣，很希望袁宏把父親的事蹟寫進賦裡去，爲自己的家族揚名。有一次他找到一個機會，乾脆直接地向袁宏提起了這件事：「聽說先生寫了一篇《東征賦》，其中稱讚了許多先賢，但爲什麼不提到家父呢？」

袁宏靈機一動，回答說：「尊公爲國捐軀，英名遠揚，怎麼能不寫進去呢？我早已有所考慮，只是沒有請教過您，不敢貿然寫進去。」

桓溫聽了非常高興，又半信半疑地問：「原來如此，那先生準備怎樣寫呢？」

袁宏當場對桓彝的一生做了恰如其分的評價，桓溫聽了，感動得掉下了眼淚。

可是事情過後，彼此之間再度產生了心結，袁宏多次與桓溫爭辯，桓溫很討厭他，所以不肯重用他。

在一次北征途中，袁宏又觸怒了桓溫，結果被免去官職，但仍得隨從出征。

桓溫這次北征是去討伐前燕的。隊伍抵達前線後，爲了鼓舞士氣，要發佈一篇文告。桓溫考慮到進攻在即，文告必須馬上公佈出來，而營中似乎無人能勝任，便差人把袁宏叫來。

袁宏來到後，桓溫指名要他寫文告，簡單說明了文告要點，就要他當場寫出來。只見袁宏眉頭也不皺一下，只要來紙筆，就倚靠在馬身上，手不停筆地寫起來，沒多久時間就將一篇長達七頁的文告完成了。

桓溫取來一看，果然寫得慷慨激昂，相當得體，左右看了也都一致稱讚。袁宏的能力再度被肯定，被免去的官職也因此得以恢復。

前新加坡總理李光耀曾經說過一番膾炙人口的話，相當受用於想要獲得成功的人：「如果我們不敢挺身追求並捍衛我們的利益，我們就會是失敗的。」沒有強烈的進取心，完全被周遭的人事物驅動的人生，毫無疑問的，將會是庸庸碌碌的人生。

有能力，也要勇於表現自己，當機緣來到，更須像故事中的袁宏一樣毫不要猶豫，緊緊地抓住機會。

袁宏的才思敏捷，反應機靈，雖然剛直好辯，屢屢得罪桓溫，卻也能運用機智自保。即使突然受試，要在極短時間內寫出重要文告，也能輕輕鬆鬆倚馬一揮而就，下筆千言。想要做到這一點，除了天生的文采之外，依靠的是眞才實學，以及平時做足了準備功夫。

名聲得來不易，莫要輕易掃地

如果只因為一點私利，而接受了賄賂，那麼無疑是砸了自己的招牌，讓長久以來的公正形象毀於一旦。

西元前五一四年，晉國的執政大臣韓宣子去逝，由魏舒繼任爲執政大臣。魏舒將兩個舊貴族的田地均分爲十個縣，分別派賢能有功的人去擔任縣官，其中與他同姓同宗的魏戊，被派任到梗陽縣爲官。

當時，梗陽有一樁官司讓魏戊覺得很難斷定，便上報給魏舒處理。

這時候，訴訟的一方暗中把一名女樂人送給魏舒，而魏舒也打算收下來。魏戊知道這件事後，就對大臣閻沒和女寬說：「魏舒一向以不受賄賂而揚名各國，如果這次收下了女樂人，實在沒有比這更大的賄賂了。請二位一定要幫我勸諫他。」

閻沒和女寬聽了也有同感，便答應了魏戊。

退朝後，他們便等在庭院裡，恰巧飯菜送來了，魏舒就招呼他倆一塊用餐。只見閻沒和女寬眼盯著桌上的飯菜，接連三次歎氣。

餐後，魏舒疑惑地問他們說：「我聽我的叔伯說過，吃飯的時候要忘記憂愁，二位剛才爲什麼接連三次歎氣？」

閻沒和女寬異口同聲地說：「昨晚有人把酒賜給我們兩個小的，所以沒有吃晚飯，現在肚子餓得慌，見剛上來的飯菜心裡雖高興，卻恐怕吃不夠，所以歎氣。等菜上了一半，我們不禁責備自己；『將軍請我們吃飯，怎麼可能會不夠吃？』因此再次歎息。等到飯菜上完又嘆氣，是我們希望小人的肚子就如同君子的心，只要剛剛好滿足就行了！」

魏舒聽到最後一句，才明白閻沒、女寬是藉吃飯來勸諫他知足常樂，莫要貪圖逸樂，而有損自己的聲名。

他感到非常羞愧，馬上下令把梗陽送來的女樂人退回去了。

想在動盪不定的時代生存下去，身爲一個領導者，必須做出最精明的決策。最能顯示出一個領導人智慧的是，他能在各種利益之間做出正確的判斷，不因爲貪圖眼前的小利而危及自己的形象和威信。

魏舒一向不貪，所以能享有廉潔的盛名，如果只因爲一點私利，而接受了賄賂，那麼無疑是砸了自己的招牌，讓長久以來的公正廉潔形象毀於一旦。

魏戊是當事人，擔心立場有所偏頗，不足以說服魏舒，所以請求閻沒和女寬代爲勸諫。魏舒官大權重，如果當面說破恐有失顏面，反而招致反效果，於是兩人改以行動暗喻，以退爲進，使魏舒得以權衡事情輕重，及時做出正確判斷。

辛苦建立的好名聲得來不易，但只要犯了錯，名譽難免有虧，要再贏回便難了。魏舒幸而及時被點醒，才不致讓一世英名毀於一旦，鑄下遺憾終生的大錯。

知人善用才有可能成功

不一定非得要衝鋒陷陣，才能立下功勞，能夠冷靜主持戰略，謀劃戰術，也是左右戰局的一大關鍵，所帶來的影響反而更大。

張良本為韓國貴族，韓國被秦國所滅後，張良曾暗中募得大力士行刺秦始皇，可惜失敗。後來，劉邦起義，他便投入劉邦麾下效力。

傳說張良曾得圯上老人贈送兵書，因此他雖體弱不能武，無法帶兵作戰，但是足智多謀，為劉邦謀劃計策多有奏功，與韓信、蕭何並列為「漢興三傑」。

劉邦稱帝後，在都城南宮擺設酒宴，招待文武官員。

酒過三旬，劉邦說：「諸位不要瞞我，都要說真心話。我為什麼能取得天下？項羽又是為什麼會失去天下的呢？」

兩位將領馬上站起來回答說：「項羽待人輕慢而且好侮辱人，陛下仁厚而且愛人。陛下派人攻打城池，奪取土地，所攻下和降服的地方就分封給大家，跟天下人同享利益。而項羽妒賢嫉能，有功的嫉妒，有才能的懷疑，打了勝仗又不授功，奪得了土地也不給人家好處，這就是他失去天下的原因。」

劉邦搖搖頭，對眾人說：「你們只知其一，不知其二。如果說在軍帳之中出謀劃策，在千里之外的沙場上決定勝負，我比不上張良；鎮守國家，安撫百姓，供給糧餉，保證運糧道路不被阻斷，我比不上蕭何；統率百萬大軍，戰則必勝，攻則必取，我比不上韓信。這三個人都是人中的俊傑，我卻能夠使用他們，這就是我能夠取得天下的原因。項羽麾下雖然有一位重要的謀士范增，但是他卻不信任，這就是他被我攻滅的原因。」

後來，劉邦大封功臣，張良被封「留侯」曾引起諸多武將不滿，但劉邦卻以爲「運籌帷幄之中，決勝千里之外，子房功也」，稱許張良雖然未帶一兵一卒，但於營帳之中所安排的策謀，卻左右了戰局變化，實在有大功勞。

做人要有心機，做事要有心計

美國管理大師彼得·杜拉克曾經說過：「一個管理者如果把手下的人看做是軟弱的、不負責的、懶懶散散的，那麼，毫無疑問的，他的屬下也必定會如他所預期的一般發展。」

這番話告訴我們，知道人才的特性，並且懂得在恰當的時機運用他們的才能，才會是一個成高的領導者。

不一定非得要衝鋒陷陣，才能立下功勞，能夠冷靜主持戰略，謀劃戰術，也是左右戰局的一大關鍵，所帶來的影響反而更大。

張良是優秀的軍師謀士，不只能善用兵法、擺陣佈勢，更以遠大的眼光，爲劉邦出謀劃策，收買人心，的確稱得上是漢朝的開國功臣。劉邦知人善任、廣納賢才，更是建立功業的主因。

活用戰術才能出奇制勝

真正稱得上戰略高手的，不是那些飽讀兵書，只會紙上談兵的人，而是那些不拘泥兵法陣圖，懂得根據實際情勢靈活運用戰術的人。

南宋的抗金名將岳飛，少年時代就很有抱負，成年後更是身軀魁梧健壯，體力過人，武藝和騎射均超群非凡。他又愛讀兵書，掌握了許多用兵佈陣的知識，並且培養了崇高的民族氣節和愛國精神。

一一二五年，金兵攻滅遼國以後，又大舉南侵，其中一路準備渡過黃河直撲宋都汴京。岳飛奉命率領三百名騎兵，趕往李固渡口狙擊金兵。

到了渡口，岳飛趁著敵軍尚不知渡口宋軍虛實，在他們立足未定之時，便指揮騎兵猛衝過去。宋兵異軍突起，殺得金兵潰師大敗，狼狽逃竄，重挫他們想要撲向汴京的企圖，也使得岳飛聲名大振。

由於岳飛屢出奇招兵重創金兵，當時的副元帥宗澤便誇獎他說：「以你的智勇才藝，即使古代名將也不過如此。但你只擅長野戰，這總不是萬全之計。我有一部古陣圖，你拿去學學，必然前途無量。」

岳飛恭謹接過古陣圖，卻婉轉地說：「多謝元帥厚愛。末將以爲，排好陣勢再戰，是兵法上經常用到的，人人都知道，至於要如何運用得巧妙、靈活，那可全在於思考了。末將以爲，身爲一個將領最重要的是要能善於知己知彼，臨陣應變，才能出奇制勝。」

做人要有心機，做事要有心計

美國作家邁斯曾說：「煤就算在地下埋了一萬年仍舊是煤，但是，人的腦袋如不充分利用，就退化變質了。」

能在歷史上開創豐功偉業，往往是那些打破陳腐觀念，敢於冒險犯難，勇於嘗試各種新奇作戰方式的人。

眞正稱得上戰略高手的，不是那些飽讀兵書，只會紙上談兵的人，而是那些不拘泥兵法陣圖，懂得根據實際情勢靈活運用戰術的人。

岳飛用兵展現了他運籌帷幄的天分，敢於突破當時戰略戰術的傳統藩籬，組織大規模的進攻，運用野戰游擊使得對手疲於應付，所以在諸多南宋將領之中，顯得出類拔萃。岳飛的成功，正是在於他能不拘泥成法，懂得隨機應變，取得天時地利，因此能夠戰無不克。

如此忠君愛國的將士，卻遭遇了千古罕見的冤獄，引人哀嘆與同情，但其傲然不屈的氣節，成爲中國古代優秀軍人的典範，聲名流芳百世。

債台高築的人最難翻身

長久下來的積弱不振，周赧王早已一點機會也沒有，落得遭人逼債，無處可逃的窘境，倒也令人不勝唏噓。

戰國後期，東周的最後一個君主周赧王已純粹是個傀儡，雖然有著周天子的名義，其實還不如列國中最小的諸侯。真正受他管轄的土地不過王畿的幾十個縣，而且這幾十個縣，還是由東周公和西周公二人分開管理，他一點實權也沒有。

當時，秦國想要滅掉六國，於是六國聯合起來共同抵禦秦國。西元前二五七年，秦國出兵伐趙，趙國向魏國和楚國求救，魏公子信陵君設法竊取了魏王的兵符，率兵打敗了秦國。

楚孝烈王聽到這個消息，派使者去向周赧王稟報，請他用天子的名義，下令六國一起出兵伐秦。周赧王一直恨秦王欺負他，一口答應，立刻用周天子的名義，授命楚國去知會各國諸侯共同出兵。同時，周赧王命西周公也拼湊了一支六千人的部隊，準備和六國的部隊一起去討伐秦國。

可是，周朝早已衰微，經費不足，周赧王根本沒錢給這支六千人的部隊提供補給，發放糧餉。於是，他只好向國內富商、地主借錢，並立下字據，說好打了勝仗以後，連本帶利一起歸還。

借到錢後，周赧王便派西周公率軍出發到了伊闕，在那兒駐紮下來，等候各諸侯國的人馬。可是，等了三個多月，只有楚、燕二國派來了軍隊，其他諸侯國，有的是根本沒有出兵力量，有的則是不願出兵，總之聯合討伐秦國的計劃成了泡影。仗雖沒打成，但周赧王借來的錢卻全部花完了。

西周公帶著軍隊撤退。那些債權人拿著債券，天天到宮門外向周赧王要債。周赧王沒錢還債，跑又沒處跑，躲又躲不了，於是只好躲到宮中的一座高台上藏了起來。後來，人們就給這座高台起了個名字叫「逃債台」，而以「債台高築」來形容積欠了很多債務。

做人要有心機，做事要有心計

六國不能團結合作，所以遭到秦國個個擊破，潰不成軍。而周赧王號召諸侯起兵討伐秦國，卻無疾而終，由此可見得天子威信早已蕩然無存。

周赧王本欲拼力一搏，看看是否有起死回生的可能，然而，長久下來的積弱不振，周室早已名存實亡，一點機會也沒有，還落得遭人逼債，無處可逃的窘境。

在現實生活或工作場合裡，我們經常可以看到像周赧王這樣不知自己斤兩的人，明明沒什麼份量，也沒什麼眞本事，卻老是爲了突顯自己的「重要性」，而不惜打腫自己的臉充胖子。

千萬不要被這種喜歡「裝闊」的人的不實言行蒙蔽，否則，你很快就會成爲他們的「債權人」。

過度忍辱，只會自取其辱

儘管孔子不齒南子的作風，但是想要將儒學的思想，在衛國有所發揮，那麼人在屋簷下，是如何也不得不低頭了。

春秋時期，衛國的國君衛靈公昏庸無能，不理朝政，國家的大權全控制在他的妻子南子手裡。由於南子作風輕浮，行爲不太檢點，因此名聲很不好。

西元前四九四年，孔子在周遊列國的途中，帶著子路、顏回等學生，來到了衛國。衛靈公知道孔子是個大學問家，對他很客氣，甚至開玩笑似的說要和孔子結成兄弟。孔子以爲衛靈公很賞識自己，即將受到重用，也很高興。

南子知道孔子名聲很大，就派人去對孔子說：「要和衛國國君結爲兄弟的人，一定要拜見我，我希望能見見你。」

於是，孔子到宮中去見南子。但是，南子在接見孔子時，故意只隔開一層薄薄的紗簾，又把衣服上裝飾的玉佩珠串弄得叮叮噹噹作響，意圖向孔子賣弄風騷，惹得孔子尷尬極了。

這件事讓孔子的學生子路知道了，氣呼呼地埋怨老師不該和這種輕佻的女人見面，認爲這樣有失老師的尊嚴。

孔子急得對天發誓說：「我之所以去見南子，是因爲她掌握著衛國的實權。我是去向她宣傳我的政治主張的。如果我向你說謊，老天爺會懲罰我的呀！」

有一天，衛靈公和南子乘著一輛非常華麗的車子出遊，並由一名太監雍渠陪著，讓孔子坐在第二輛車中。衛靈公得意揚揚地在鬧市兜了幾圈，故意顯示自己的威風，而南子則在車中向衛靈公搔首弄姿，醜態百出。

事後，孔子生氣地說：「衛靈公不是一個想把國家治理好的明君，他只不過是一個好色之徒罷了。」

孔子在衛國住了一個多月，見衛靈公始終沒有重用他的意思，便氣憤地帶著學生們離開了衛國。

小不忍，則亂大謀，儘管孔子與子路同樣不齒南子的作風，但是南子確實把持著衛國的朝政，使得孔子認爲想要將儒學的思想，在衛國有所發揮，那麼人在屋簷下，是如何也不得不低頭了。

可是，衛靈公接待孔子師徒，只不過是爲了求得禮賢重士的名聲，並不是眞的想以儒家的仁義思想來治國，所以孔子百般隱忍，卻無所獲，反而悶了一肚子氣。

戴爾·卡耐基在《人性的弱點》裡說道：「人性中最深切的一種特質，就是內心那股受人賞識的渴望。」

不管是什麼樣的人，都希望自己能夠受人推崇，能夠受人器重，就連被稱爲聖人的孔子也不例外。就是因爲孔子無法戰勝這個人性弱點，所以才會因爲過度忍辱而自取其辱。

11

設法把對手變成自己的盟友

想要使難纏的對手成為自己的盟友，
摸清他們的習性，
然後在他們面前說出有用的語言，
無疑是相當重要的。

掌握心理，才能激發實力

帶兵作戰，不只講求攻心為上，更要懂得掌握將士的心理，方能激出勇氣，發揮超乎平常的實力。

楚霸王項籍，字羽，項家世世代代均爲楚國的將領，因受封在項城，所以姓項。項羽身材高大，力大無比，手能舉鐵鼎，才氣超乎常人。

秦朝末年，秦王派兵攻打趙地，趙軍大敗，趙王歇改以陳餘爲將，張耳爲相，率軍逃到鉅鹿固守。

楚王爲了救趙，派遣大將宋義爲上將，命項羽爲副將，率領楚軍前去救援。豈料宋義停兵不進，因而被項羽殺死取而代之，率領楚軍渡過漳河。

楚軍過了河以後，項羽下令把船都鑿破沉入水中，把做飯的鍋和蒸飯用的瓦甑都敲破，把房屋都燒掉，只保留三天的糧食。

項羽用此法向士兵表示，如不能戰勝，就只有一死，再沒有可退之地。這樣一來，楚兵沒有一個人存有苟且之心，全數奮勇向前。

楚軍一到，立即將秦軍包圍起來，進行決戰。楚軍與秦軍展開激烈的搏鬥，戰場上金鼓齊鳴，殺聲震天。楚軍勇猛作戰，大破秦軍。項羽揮戈躍馬，帶頭衝入敵陣，一刀將秦將蘇角砍作兩截，楚軍的將士以一當十，拼命死戰。在項羽指揮下，連續向秦軍發起進攻，殺得秦兵血流成河，屍積如山。

其他前來救援的各路將士，見楚軍與秦軍奮勇血戰，都驚得目瞪口呆，站在自己的營壘上觀看，不敢出兵。

鉅鹿之戰，項羽消滅了秦軍的主力。各路軍隊的將領一齊來拜見項羽，表示願意服從指揮。項羽由此威震天下，成了統率各路軍隊的首領。

日本行動學作家邑井操在他所著《決斷力》一書裡寫道：「一個成功者之所以與一般人不同，就在於他能在勝負未分之前就充滿信心，然後以思考去為自己製造勝利的條件。」

只有對自己充滿信心的人，才懂得如何適時表現自己的才華，並且透過心理戰術激發部屬的實力，讓自己比別人早一步獲得成功。

項羽早有破釜沉舟的決心，於是命將士背水一戰，勇往直前。楚軍前有敵兵，後無退路，唯有不斷向前，求得一線生機，才有獲勝的可能，於是衆志成城，以銳不可擋的攻勢，殺出重圍，取得獲勝的關鍵。

帶兵作戰，不只講求攻心爲上，更要懂得掌握將士的心理，方能激出勇氣，發揮超乎平常的實力，項羽便是憑著這一股拼搏的猛勁，攻無不克，戰無不勝，打下了半壁江山，成爲一方霸主。

要順應趨勢，也要替自己留後路

在抉擇的時刻，必須懂得權衡輕重、審度時勢，既順應大勢，又為自己留一條後路，方能有所成就。

秦朝末年，秦二世胡亥荒淫無道，朝政在佞臣趙高的掌控下，倒行逆施指鹿爲馬，令天下百姓怨聲載道，當時陳勝、吳廣率先揭竿而起，各地紛紛起而響應。

不久，原楚國名將項燕的兒子項梁，和他的侄兒項羽一起在會稽殺了會稽太守，率兵回應起義。這時，陳勝已經稱王，手下有十幾萬人。

一次與秦軍的戰鬥之中，陳勝兵敗逃走，他的部下召平便假傳陳王的命令，拜項梁爲楚王上柱國，要項梁率軍渡江，進擊秦軍。

於是，項梁便率八千江東子弟兵渡江前進。

這時，東陽縣有個獄吏名叫陳嬰，一向在縣中很有威信，東陽的百姓都很尊敬他。東陽縣的年輕人見到全國起義浪潮風起雲湧，也殺了東陽縣令，聚集了幾千人，宣佈起義。他們一致請陳嬰做他們的首領，起初，陳嬰極力推辭，說自己無能擔任，但拗不過大家再三請求，只好答應了下來。

縣中的老百姓聽說陳嬰當了起義軍的首領，紛紛前來投靠。很快地，東陽的義軍便壯大到兩萬多人。東陽的年輕人又想獨樹一幟，擁戴陳嬰爲王，所有士兵一律用青色的頭巾裹頭，顯示他們是一支與衆不同的軍隊。

但是，陳嬰的母親卻感到擔心，對陳嬰說道：「自我嫁到陳家，從沒聽說你家的祖先有什麼大貴的人，現在你的名氣一下子升得這麼高，不是什麼好兆頭。不如你愼選有德之士率衆歸順，將來若起義成功，必可獲得封侯。萬一起義失敗，也沒有人會責怪於你。」

陳嬰覺得母親的話有理，便不敢稱王，對部下說：「項梁是楚國名將項燕的兒子，很有名聲，我想，將來率兵滅亡秦國的一定是項氏。我決定歸附他，願意追隨的人，就一起來吧。」

這時，正好項梁率兵過江，陳嬰便順勢率領部衆歸順了項梁，最後兩股兵力結合，共同西擊秦軍。

做人要有心機，做事要有心計

陳嬰的爲人很得百姓軍民支持，所以得以異軍突起，但是他對自己的信心不足，遇事沒有勇氣擔當，容易裹足不前，稱不上是一名好領袖。

他的母親明白他性格上的弱點，擔心他受盛名所累，而陳嬰自己也不願擔負如此重大的責任，識時務地歸附項梁，不失爲一種保全之道，雖然是爲項氏打天下，但是其實也爲自己留了後路。

在抉擇的時刻，必須懂得權衡輕重、審度時勢，既順應大勢，又爲自己留一條後路，方能有所成就。

高壓手段只會招來反彈

合理的政策命令，經過詳細的説明與輔導，使百姓明白政府的立意與威信，人民才會樂意遵從。

漢代文學家司馬相如多才多藝，會擊劍、撫琴，擅長寫詩作賦，因此受到漢武帝的賞識，留他在身邊當官。

這時，正巧唐蒙在修治西南蜀道，爲了加快修繕的進度，徵召了過多民工，又因故殺了他們的首領，引起了巴蜀人民的驚恐和不安，紛紛起而反抗。

騷亂一起，一時難以收拾。漢武帝知道了這件事情，便讓司馬相如前去追究唐蒙的過錯，並且寫一篇文告，向巴蜀人民解釋，以求儘快安撫民心。

司馬相如在文告中寫道：「調集民夫、士兵來修築道路，是理所當然且勢在必行的，但是因此驚擾了長老、子弟則不是陛下的意思。有人不明白國家的法令制度，甚至驚恐逃亡或自相殘殺，這是不對的。士兵作戰的時候，應該迎著刀刃和箭矢而上，絕不容許回頭，寧可戰死也不能想要逃跑。你們應該要冷靜下來從長計議，急國家之難，盡人臣之道……」

由於司馬相如順利地將這件事完成，使得修路的工程能夠繼續進行，漢武帝因此非常高興，拜司馬相如爲中郎將。

做人要有心機，做事要有心計

春秋時期，輔佐齊桓公稱霸諸侯的一代名相管仲曾說：「聖人擇可言而後言，擇可行而後行。」

眞正聰明睿智的人，最大的特點就是，只要看到事物的外貌，就能夠運用智慧去理解它的本質，並且用最適當的方法去面對。

因此，他們總是可以找到最合適的語言，貼切地表達自己心中的意念，然後達到自己想要的目標，絕對不會像故事中的唐蒙一味使用高壓手段辦事，因爲這種方式只會使自己遭遇龐大的阻力。

唐蒙求功心切，以高壓強硬的方式，嚴重擾民，結果帶來了反效果，引起群衆反彈，抗議罷工，不只工程進度因此停頓落後，更激起民怨，落得一事無成。

漢武帝爲求政令能夠順利進行，便派遣司馬相如前去斡旋，一方面懲戒唐蒙，一方面穩定民心。司馬相如運用機智與文采，一篇文告寫來通情達理，委婉地表達漢武帝的旨意，順利地化解這場巴蜀糾紛。

合理的政策命令，經過詳細的說明與輔導，使百姓有心理準備，明白政府的立意與威信，人民才會樂意遵從。反之，不顧人民意願，強制執行嚴苛無理的命令，勢必招致反對起而抗爭，實在欲速則不達。

把對手當作成功的推手

對手殘酷的折磨，激出孫臏堅強的意志，怨恨成為支撐他活下去的動力，換個角度來想，敵人反而是成功的幕後推手。

戰國時，齊人孫臏和魏人龐涓原本一起在鬼谷子門下學習兵法。後來，龐涓先行下山，在魏國做了大將，但他深知孫臏的才能遠超過自己，就設下陷阱把孫臏召來，砍斷了他的雙腳，並在他臉上刺了字，塗了墨，使他無法見人。

後來，齊國的使者來到魏國，孫臏私下請求會面，表示想回齊國為祖國效力。使者認為孫臏的確是個奇才，就悄悄將他帶回齊國，齊威王很賞識孫臏的才能，任命孫臏擔任齊國的軍師。

西元前三四一年，魏國重新聯合趙國進攻韓國，韓國抵擋不了，只好向齊國告急求救。齊威王派出田忌爲大將，孫臏爲軍師，率兵五萬去救韓國。

田忌採納了孫臏的建議，揮師進攻魏國的都城大梁，目的是逼使魏將龐涓從韓國退兵。龐涓聽到齊軍攻魏，想起前次中了「圍魏救趙」之計，兵敗桂陵的經驗，急忙從韓國撤軍。這時，齊軍已越過國界進入魏國。

孫臏又對田忌說：「魏國的軍隊一向以兇悍勇猛著稱，一定不把我們齊國的軍隊放在眼裡。會用兵的人，要懂得因勢利導，要順著對方的想法再加以引導，引誘他們掉進陷阱裡。」

於是，孫臏下令齊軍進入魏境後，第一天造十萬人吃的灶，第二天則減少一半，只造五萬人吃的灶，第三天再減爲三萬人吃的灶，製造出齊軍已大量逃亡的假象，企圖迷惑龐涓，誘使他放鬆戒心，只率領少數精銳部隊追擊。

龐涓帶兵追蹤齊軍，發現齊軍鍋灶天天減少，當眞中了孫臏之計，以爲齊軍已逃亡過半，不足爲懼。

龐涓因而輕敵，留下步兵，只帶著精銳騎兵加速向前追趕。

孫臏判斷龐涓夜裡便會趕到馬陵道，便預先設下埋伏，並削去道旁一棵大樹樹皮，在上面寫了「龐涓死於此樹之下」八個大字，另外，命令埋伏的軍士只要看到火光，即刻同時放箭。

這天夜裡，龐涓果然趕到馬陵道，隱約看到樹上似乎有字，於是下令點亮火把照明查看。頓時，齊軍萬箭齊發，魏軍死傷無數。龐涓身中六箭，智窮兵敗，勢無可挽，只好拔劍自殺。

做人要有心機，做事要有心計

龐涓器量狹小，只因爲自覺技不如人，就要置孫臏於死地，激起了孫臏的復仇意志。即使面目全非，肢體傷殘，只要腦子還能思考，身體還動得了，拼著一口氣，孫臏也要想辦法報仇。

逃出生天後的孫臏，多次施計用謀證明他在調兵遣將上勝龐涓一籌。

原本孫臏並不會如此積極與龐涓一爭長短，但因龐涓施予折磨，激出他堅強的意志，怨恨成爲支撐他活下去的動力。換個角度來想，龐涓不就是孫臏成功的幕後推手嗎？

孫臏善用兵法，引誘敵人中計，耗盡其銳氣，再攻其無備，出其不意，終於獲得最後的勝利。龐涓用盡心機，仍然成爲最大的輸家。

義大利政治家馬基維曾經在名著《君王論》裡寫道：「雖然欺詐在其他一切場合都是可惡的，但在戰爭為，欺詐卻是值得稱讚和光榮的。」

的確，在我們的生活周遭，之所以會有那麼卑鄙小人，原因就在於他們像龐涓一樣，渴望獲得某些利益，或是恐懼失去某些賴以維生的屏障，因此才會行事不擇手段，即使傷害別人也不以爲意。

因此，在這個「你不詐人，人必詐你」的人性戰場上，如果你不懂得別人要奸弄詐的伎倆，不懂得把心機用在贏的地方，那麼，你永遠都只是這場人性戰役之中的輸家。

不要讓一時的意氣壞了大局

「退一步，海闊天空」，若讓彼此的意氣之爭，破壞了團體的默契，可就得不償失了。

三國時期吳國的名將周瑜，年輕時就才華出衆，且儀表堂堂，相貌俊美。他自小即與孫策結下了深厚的友誼，後來傾力幫助孫策向江東發展，建立了孫氏政權。

西元一九八年，周瑜來到吳郡，由孫策親自迎接，並封他爲建威中郎將。這一年周瑜才二十四歲，當地百姓見他年輕有爲，英姿煥發，都親熱地稱他爲「周郎」。

不久，周瑜跟隨孫策攻克了皖縣，得知皖縣的喬公有兩個非常美麗的女兒，大女兒人稱「大喬」，小女兒「小喬」，於是孫策娶了大喬，周瑜娶了小喬，由此可見兩人關係之密切。

一年後孫策遇刺身亡，由他的弟弟孫權繼位統理政事。從此，周瑜輔佐孫權，幫助掌管軍政大事，在朝中獲得了很高的聲望。

周瑜性格開朗，氣度寬宏，待人接物謙虛和氣，朝中文武大臣都喜愛與他交往，獨獨只有程普處處對周瑜不滿。

程普也是東吳的名將，很早就跟隨孫權的父親孫堅，後來又幫助孫策成功經營江南，算是孫氏政權中元老級的人物。

他見周瑜年紀輕輕，地位卻越攀越高，處於自己之上，內心頗感不服，所以常常以老賣老，給周瑜臉色看，藉以抬高自己身價。然而，周瑜寬宏大量，不願和程普起衝突，所以處處克制、事事謙讓，始終不與程普計較。

有一次，周瑜乘車外出，途中正好迎面碰上程普坐車而來，趕緊命車夫將車駛到一旁，讓程普的車先過。

程普目睹這個情況，以爲周瑜在討好自己，感到非常得意。

西元二〇八年，曹操率兵二十餘萬南下，結果在赤壁之戰中被東吳和蜀漢聯軍擊敗。

在這次戰爭中，周瑜和程普分任吳軍左右都督，戰略主要是由周瑜制定。但事後，程普卻處處貶低周瑜，邀功自誇。周瑜知道後不僅不予辯駁，反而順著說自己還年輕，這次戰鬥沒有程普幫助是不能取勝的。

周瑜一再謙遜忍讓，程普也察覺了。爲了消除彼此間的隔閡，周瑜甚至多次拜訪程普，表示願與程普共同攜手，開創東吳的新政局，強大國家的力量，以與曹魏及蜀漢抗衡。

在這種情況下，程普對周瑜深感敬服終於拋棄偏見，並決定與他融洽相處。後來，程普對別人感歎說：「跟公瑾（周瑜的字）相交，好比飲味道濃厚的美酒，不知不覺就醉了。」

做人要有心機，做事要有心計

日本作家桐田尚作曾經寫道：「要建立良好的人際關係，要先多瞭解每一個人所秉持的主觀信條和所屬環境，如此才能切入他的思想領域，和他進行更密切的溝通和良好的互動。」

程普對於周瑜能如此寬厚待人，處處謙讓自己言行，十分地感動。最終二人齊心爲東吳盡心效忠。

周瑜爭一世而不爭一時，有器量地適時忍讓，避開氣頭上的程普，不與之正面交鋒，以免傷了和氣，實在修養到家。所謂「退一步，海闊天空」，若讓彼此的意氣之爭，破壞了團體的默契，可就得不償失了。程普最後能體認到周瑜的苦心，願意摒棄成見，共同爲國家效力，也算是覺悟時猶未晚。

日本作家大久光曾經提出一個有趣的比喻：「協調關係是糖，對立關係是鹽。單單是糖太過甜膩，適度地加點鹽，人際關係才會變得更協調。」

在現代社會中，人際關係就猶如空氣一般，誰也脫離不開這張巨網，但是，光靠廣泛的交際，無法建立良好的人際關係，你必須瞭解誰才是值得你用心交往的對象，然後加糖加鹽，讓彼此的關係更緊密。

飲鴆止渴只會自取滅亡

飲鴆止渴，雖然或許暫時解了口中飢渴，但吞下了劇毒，性命垂危，恐怕再也沒活命的機會了。

東漢時，曾擔任廷尉的霍諝，從小勤奮好學，少年時代就讀了大量儒家經書，在家鄉頗爲出名。

霍諝的舅舅名叫宋光，在郡裡擔任官職。由於他秉公執法，因此得罪了一些權貴，反被他們誣告篡改詔書，從而押到京都洛陽，關進監獄。

宋光下獄後，霍諝的心情一直無法平靜，當時他雖然只有十五歲，但各方面想法都已經很成熟。他從小常和宋光在一起，對舅舅的爲人非常清楚，知道舅舅不可能幹這種做假的事。

他日思夜想，究竟怎樣才能爲舅父仲冤，最後決定寫一封信給大將軍梁商，爲舅舅辯白。信中有這樣一段話：「宋光身爲州郡的長官，一向奉公守法，以身作則，才能得到朝廷的任用，怎麼可能會冒觸犯死罪之險而去篡改詔書呢？這不好比爲了充饑而去吃有毒的附子，或飲下劇毒鴆酒來解渴嗎？如果眞是這樣的話，恐怕不等酒入腸胃，剛到了咽喉處就已經斷氣了。試想他怎麼可能這樣做呢？」

梁商讀了這封信，覺得很有道理，對霍諝的才學和膽識也很賞識，便查明眞相請求順帝寬恕宋光。

不久，宋光得以被免罪釋放，而霍諝的名聲也很快地傳遍了洛陽。

做人要有心機，做事要有心計

若無霍諝努力不懈地奔走，宋光恐怕早就因爲不白冤獄而喪失性命了。

如果只是爲了眼前的利益，而輕易地放棄別人對你的信任，那眞如飲鴆止渴，雖然或許暫時解了口中飢渴，但吞下劇毒，性命垂危，恐怕再也沒活命的機會了。

霍諝以「飲鴆止渴」的道理，爲宋光申冤，試想明知篡改詔書必定死罪難逃，又怎麼可能會輕易地以身試法呢？幸好梁商不是愚昧之人，經過一番深入調查，終於還得宋光清白。

英國著名的詩人布萊克曾經寫過一段有趣的格言詩：「如果你在機會成熟之前就捕捉它，你必將抹後悔之淚。」

如果你想在工作場合出人頭地，有一番超越別人的成就，首先就必須建立起讓別人肯定的良好形象，如此一來才可能獲得自己想要的地位，進而站在有力的地位實踐自己的抱負。

想要登上成功的殿堂，千萬不可操之過急，也不能飲鴆止渴，如何適時掌握機會，適度地加以運用，無疑是對智慧的一大考驗。

設法把對手變成自己的盟友

想要使難纏的對手成為自己的盟友，摸清他們的習性，然後在他們面前說出有用的語言，無疑是相當重要的。

西元二〇八年秋天，曹操在平定北方以後，率領大軍南征荊州。大軍出發不久，駐在襄陽的荊州牧劉表死去，次子劉琮繼位。劉琮是個膽小鬼，聽說曹操將率軍來攻，便打算投降，以保住自己的地位。

當時，劉備正駐守在襄陽附近的樊城，發現曹操大軍的前鋒逼近，只好率領部下向南撤退。隊伍退到襄陽時，沒料到劉琮竟命人緊閉城門，不讓他們進城。

此時，諸葛亮勸劉備，索性趁此機會拿下襄陽，以便號召荊州軍民共同對抗曹軍。但劉備因爲自己曾受過劉表的恩惠，不忍背棄這段情義，所以下令部隊繼續南下，朝江陵方向撤退。

襄陽人民中，有不少人不願投降曹操，紛紛投奔劉備，因此，劉備的隊伍很快增加到十多萬人。由於人員衆多，行動愈形緩慢，有人建議劉備快馬先行，免得被曹軍追上。但是劉備認爲，要成大事必須依靠人心，如今荊州父老不顧生死前來投奔，他不能不顧大家而先走。

曹軍一到襄陽，劉琮果然開城門投降。曹操知道劉備已率衆南下，便派五千騎兵追擊。不出幾日，終於在當陽的長阪坡追上了劉備。這支兵民混雜的隊伍，當然不是曹操騎兵的對手，好不容易劉備、諸葛亮等人突圍而出，退到了樊口。這時候，曹操的大軍已經從江陵順江東下。

諸葛亮對劉備說：「現在情勢危急，還是讓我去向孫將軍求援吧。」

孫將軍就是指東吳的統治者孫權，劉備一番猶豫權衡，終於同意讓諸葛亮去見孫權。這時，孫權正率軍駐屯在柴桑觀望形勢，諸葛亮見到他，立刻開始勸說合作抗曹的計謀：「當今天下大亂，而將軍佔據了江東，劉將軍也在漢水之南招募隊伍，意欲和曹操爭奪天下。現在，曹操已平定北方，又攻下荊州，一時威鎮四海。連劉將軍這樣的英雄也無用武之餘地，所以只好退到這裡。」

接著，諸葛亮故意再激孫權：「希望孫將軍您可以掂量一下自己的實力。如果您已能以江東的力量和曹操對抗，那麼就應該趁早與曹操斷絕關係；但如果不能，那麼就應該收起武器向曹操投降，俯首稱臣！現在孫將軍您表面上雖服從曹操，內心卻始終猶豫不決。在緊急關頭不能當機立斷，大禍臨頭的日子將不遠了！」

孫權聽了很惱火，不禁反問道：「既然如此，劉將軍何不投降曹操呢？」

諸葛亮回答道：「劉備是王室的後代，他的英雄才氣蓋世無雙，天下人都如此敬慕他，他又怎肯投降曹操呢？」

孫權果然因此被激怒，氣衝衝地表示，他以江東之地和十萬之衆的軍隊也不能受制於人，於是，下決心和劉備結盟抗曹。

做人要有心機，做事要有心計

想要使難纏的對手成爲自己的盟友，摸清他們的習性，然後在他們面前說出有用的語言，無疑是相當重要的。

但是，人的個性都有顯性與隱性的部分，有時並不是那麼好掌握，英國思想家培根就曾經說道：「人的天性是相當狡猾的，它可以在你警惕的時候潛伏下來，當你放鬆時再冒出頭。」

有的人平時表現出的性情，是經由環境壓抑或是下意識刻意包裝的，因此，想要爭取他們的幫助，就必須透過旁敲側擊與審愼的深入觀察，瞭解他們最眞實的內在性格，然後才能施展有效的心理戰術。

諸葛亮明白當時曹操氣焰正盛，劉備勢尙不足，要與其爭鋒，勝算極微。既然暫時無用武之地，倒不如暫避鋒芒，以時間換取空間，西取蜀漢爲據守，更激得東南最大勢力孫吳之力爲支持。最終，吳漢聯合，赤壁一役底定了三分天下的局面。

孫權一向行事謹愼，當時仍屈居曹操之下，猶豫著是要趁機而起，還是隔山觀虎鬥，諸葛亮簡單一席話，「請將不如激將」，順利地激得江南十萬大軍相助。

不要讓敵人有喘息的餘地

敵人弱勢就該乘勝追擊，一股作氣，不容其有喘息之餘地。否則縱虎歸山，當他重新整備捲土重來之際，恐怕又是另一番局面。

晉代的杜預，字元凱，杜陵人，學問淵博，見識廣遠，能文能武。擔任文官之時，經常能提出安邦治國的好建議；擔任武將時，善於謀略、率軍打仗屢建戰功，晉武帝時封爲鎮南大將軍，總督荊州一帶的軍事。

西元二八〇年，杜預向晉武帝司馬炎建議，吳國已經勢微，應該趁機討伐。獲准之後，他調兵遣將，出兵不過短短十天，就佔領了長江上游的許多城池，接著又用計活捉了吳軍都督孫歆，以及高級文武官員兩百多人。

當時有人認爲吳國建國多年，實力不可小覷，不可能一下子就將它徹底消滅，又適逢夏天，氣候炎熱，很容易流行疾病、瘟疫，何況因暴雨而河水氾濫，對於部隊作戰十分不利，因此建議暫時收兵，等到冬天再集中火力進攻。

但杜預強烈反對，主張乘勝追擊，不給吳軍喘息的機會。

他說：「現在我軍連勝幾仗，軍威大振，更應該以這種旺盛的鬥志去進攻。吳軍已連吃敗仗、士氣低落，繼續打下去，其形勢就像用利刃劈竹子一樣，前幾節破開了之後，後幾節只要刀刃一進，竹子就順勢分爲兩半。」

於是，在杜預的謀劃之下，晉軍繼續前進，一股作氣地進逼吳都建業，短短一個多月，沿途所經過的城池，無不輕易擊破，就這樣一舉攻佔了吳國。

做人要有心機，做事要有心計

美國總統林肯曾說：「如果我們能夠瞭解自己的處境和趨向，那麼，我們就能更好地判斷我們應該做什麼，以及應該怎麼去做。」

想要奠立進步與成功的基礎，方法其實很簡單，那就是充滿自信，掌握自己的行事節奏，明白自己運用的戰略，一旦採取行動就要貫徹到底，千萬不要因爲一時心軟手軟而放過奄奄一息的敵人。

敵人強勢則避其鋒芒，再伺機而動；敵人弱勢則乘勝追擊，一股作氣，不容其有喘息之餘地。否則縱虎歸山，當他重新整備捲土重來之際，恐怕又是另一番局面，無法保持目前的優勢。

杜預深明其中道理，知道東吳氣弱早已不堪一擊，萬萬不能就此鳴金收兵，反而要傾全力一舉攻滅。如此挾帶著強而有力的軍勢，對手必定不敢與之抗衡，便可不費兵卒而輕鬆獲勝。

杜預觀察敏銳，調兵遣將明快果決，靈活運用謀略，使敵人防不勝防，難怪有「杜武庫」的美稱。

對症下藥，才能達到療效

「天下本無事，庸人自擾之」，人心如水，要懂得順其自然因勢利導，不要威逼強堵，必然能收到良好的效果。

唐睿宗時，朝廷中有個監察御史名叫陸象先，爲人寬容，才學很高，辦事幹練又敢於直言，唐睿宗相當器重他。可是，有一次他因事觸怒了唐睿宗，結果被貶到益州，擔任大都督府長史兼劍南道按察使。

陸象先到任以後，對老百姓十分寬厚仁慈，即使是犯罪的人，也不輕易對之動用刑罰。他的助手韋抱眞勸他說：「這地方的百姓十分愚頑，很難管教。你應該用嚴厲的刑罰來建立自己的威望。不然的話，以後就沒人怕你了！」

陸象先聽了，搖搖頭說：「我的看法和你完全不同。老百姓是要去治理的，治理得好，社會便能安定，老百姓安居樂業，他們自然會服從。爲什麼一定要用嚴刑來樹立自己的威望呢？」

於是，陸象先用自己的方法治理益州，果然有聲有色。

有一次，一個小官吏犯了罪，陸象先瞭解狀況後，只是訓誡了他一頓，勸勉他以後不要再犯。他的屬下認爲，這樣的懲處實在太輕，應該用棍子重重責打他一頓才行。陸象先嚴肅地說：「人都是有感情的，而且每個人的智慧都相差不遠。如今我已責備了他，他難道不能理解我的話嗎？他是你的手下，他犯了罪，難道你就沒有責任嗎？如果一定要用刑的話，那非得從你開始不可。」

屬下聽了，滿臉羞慚地退了下去。

後來，陸象先也曾多次對他所管轄的官吏們說：「天下本來就沒有什麼了不起的大事，只是有一些見識淺陋、平庸無能之輩，鎮日自己騷擾自己，結果把一些很容易解決的事情也弄糟了。又要從根本上來解決問題，那麼以後就可以減少許多麻煩，這才是處理事情的方法。」

陸象先以他自己的方法施政，當眞把益州治理得很好，百姓生活安定，地方官吏也十分佩服他。

做人要有心機，做事要有心計

一旦有錯誤顯露出來，那就表示管理的方法出了差錯。這個時候不要驚惶失措或怒急攻心，一定要從頭到尾，每一個步驟都仔細檢查，尋找眞正的問題所在，再對症下藥。如果只是治標而不治本，或是將問題遮掩起來，表面上似無大礙，其實早已病入膏肓，那時便極難解決了。

陸象先認爲要妥善治理地方，能明瞭百姓的需求最爲重要。如果政令安排得合理，那麼人民便會樂於遵從；如果政令安排得不合理，卻強要人民接受，那麼他們就會起來反抗。若能明白這層道理，治理起來便能得心應手。

「天下本無事，庸人自擾之」，人心如水，要懂得順其自然因勢利導，不要威逼強堵，必然能收到良好的效果。

12

讓自己的晉升之路暢通無阻

遭遇棘手的事情，處理時越要講求策略、講求方法，
儘量調停各方面的緊張對峙關係，
力求各方面都對處理的結果都感到滿意。

維持人際關係的聰明方法

與人相交，講究的是圓融，該糊塗時，千萬別展現你的精明，雞毛蒜皮的小事更不可斤斤計較，而應該裝糊塗，睜一隻眼閉一隻眼。

待人處世要講究合而不同，「小事糊塗，大事明白」，放寬心，恰當地處理好與朋友或上司的關係，才能使友誼與合作關係長長久久。

有一次，唐太宗與吏部尚書唐儉下棋，但是唐儉不懂奉迎，又愛逞強，想盡方法將唐太宗逼得節節敗退，最後輸得落花流水。

唐太宗一時覺得甚沒面子，再加上唐儉平日便言語直露，甚爲不恭，因而惱羞成怒，想治罪於他。

於是，唐太宗派大臣尉遲恭去搜羅唐儉的罪狀，尉遲恭沒有直接反抗，表面上認真地進行搜證，另一方面卻不斷地勸諫唐太宗要三思而行，不提唐儉的短處。

唐太宗火氣消了之後，冷靜一想，自覺無理，此事立即作罷。

仔細探討，如果尉遲恭一味地附和唐太宗，真的將唐儉所謂的「罪名」搜羅出來，不僅唐儉被治罪，日後唐太宗回想此事，恐怕也會再降罪於尉遲恭，那不是害人害己，自討苦吃嗎？

所以，尉遲恭巧妙地不去調查唐儉，不但防止了唐太宗情急出錯，同時保全了自己還得了一個好名聲，可謂兩全其美。

做人要有心機，做事要有心計

在職場或社交場合裡，我們經常可以看到有些急於冒出頭的人，爲了突顯自己，而不惜踩在別人的肩膀上。

這種舉止態度上的輕率隨便，以及落井下石的做法，根本不會增進自己的人際關係，而且將適得其反，會讓別人有不愉快或嫌惡的感覺。

與人相交，講究的是圓融，該糊塗時，千萬別展現你的精明，雞毛蒜皮的小事更不可斤斤計較，而應該裝糊塗，睜一隻眼閉一隻眼。

不過，該聰明時則一定要聰明，大事不可輕率，更不能盲聽盲從，隨波逐流。我們在原則問題上不要人云亦云，應當冷靜地分析情勢，也不要只是爲了讓上下一團和氣，而一味做好好先生，失掉對是非的判斷力。

正義之舉應盡力相助；邪惡之行，則不能助紂爲虐，在錯誤出現之時，更應力阻力誡。總之，心要放寬，腳要放正，恰當地處理好你的人際關係，才能使友誼與合作關係細水長流。

設法讓小人對你又敬又畏

唯有讓你的屬下對你又敬又畏，你才能順利指揮他們，把他們當成向上躍昇的跳板。

有一部電影裡頭有一段靠著露出「絕活」而樹威的情節。

一位長相清秀的年輕女警官到一個人才濟濟的警察局擔任督察，男警員們見了她，都面露鄙夷不屑的表情，而且有意無意地在言行之間吃她「豆腐」。

這位女警官初到陌生的警局，面對這些喜歡「揩油」的小人只能忍氣吞聲，不過，她很快地利用機會扳回劣勢。

在一次定期射擊訓練中，等待機會已久的她展露精準的槍法，把那些男性同事們都給「鎮」了。

射擊訓練中，每個人依序各擊十個飄浮氣球，男性警官中成績最好的一位才擊中五個，有的甚至一槍未中。

輪到這位女警官射擊時，她泰然自若地從腰間拔槍，「叭，叭，叭……」連發十槍，槍槍命中，頓時全場鴉雀無聲，只有氣球的碎片在面前飛舞。

這種景象正是「此時無聲勝有聲」。從此以後，大家都對這位女警官敬畏有加，不敢再輕薄造次。

很多人認爲，當一個領導者只要有豐厚的修養和內涵，就可以不用注重應該如何表現自己的才能。

也有的人認爲，只要踏踏實實地做事，老老實實做好自己的分內工作就夠了。殊不知，這種厚道的想法只會使別人將你看成無能的人。

心理學家告訴我們，在很多時候，位居領導地位的人，威信往往是經由「旁門左道」而樹立起來的。一個人初來乍到某個新地方，往往就是樹立自己威信，讓小人服服貼貼的最關鍵時刻。

適時立威是一種高明的處世技巧，從厚黑的角度而言，那些受過你「震撼教育」的人，從此再也不敢小覷你，就算他們沒有因此降低心中的敵意，至少也不得不敬畏你展露的能力。

如果你能像故事中的女警官，適時露出幾手自己拿手的絕活，別人對你的觀感和態度就會立即改變，很多難題也會迎刃而解。

記住，唯有讓你的屬下對你又敬又畏，你才能順利指揮他們，把他們當成向上躍昇的跳板。

先滿足對方，再提出自己的希望

先把好話說盡，在對方聽得醺醺然的同時，壞消息、不好聽的話也就沒有那麼的刺耳了。

愛面子是人的天性，但替自己爭取面子的同時，也得顧全別人的面子。

做人不必時時刻刻抬頭挺胸，偶爾低頭彎腰也許更容易突破瓶頸，趾高氣揚不會受人歡迎，滿足別人的欲求才能同時達成自己的目的。將心比心，多花一點心思，人雖然很不容易滿足，但是也許並沒有你想像的那麼難伺候！

維多利亞女王身兼英國及印度女皇二職，憑著機智的反應與優雅的談吐，深受人民的愛戴，也奠定了女王不朽的形象。

當時的愛爾蘭，在名義上隸屬於英國，維多利亞女王當然也無可避免的必須維繫英國與愛爾蘭之間和平友好的關係。

豈料，當維多利亞女王到達愛爾蘭時，愛爾蘭的外交大臣卻十分冷淡，無疑是給維多利亞女王難堪。

維多利亞女王沒有表現出一絲不滿，她明白愛爾蘭雖然屬於英國，但是他們的種族主義卻非常強烈，對於領土的歸屬問題雖然默認，卻不接受，更不想多談，他們關心的只有經濟利益上的發展，以及與英國合作所得到的好處，其餘一切對愛爾蘭人來說，根本不具有任何意義。

因此，維多利亞女王掌握了愛爾蘭人的心態，不僅沒有展示英國的霸權，反而提供一些英國貿易上的優惠政策，使愛爾蘭外交大臣興趣大增，很快就化解了僵硬的氣氛，使兩國的外交有良好的進展。

看出維多利亞女王所使用的技巧了嗎？

其實很簡單，只是「投其所好」的道理而已。維多利亞女王不驕不縱，沒有一點霸氣，她先滿足對方的願望，然後再提出自己的要求，讓對方在嚐到甜頭之後，可以敞開心扉，認真的思索兩國未來的關係。

國家大事如此，日常小事也是同樣的道理，沒有人喜歡聽到不好的消息，或是根本不感興趣的話題，在了解人性這個特點之後，你不妨也讓對方先嚐點甜頭吧！先把好話說盡，在對方聽得醺醺然的同時，再說點壞消息、不好聽的話，也就沒有那麼的刺耳了。

讓自己的晉升之路暢通無阻

遭遇棘手的事情，處理時越要講求策略、講求方法，儘量調停各方面的緊張對峙關係，力求各方面都對處理的結果都感到滿意。

清朝末期，湖南有個道台名叫單廾泉，善於判斷事情，辦事切中要領，並且能運用策略化解矛盾，因此在當時聲望頗高。

有一次，一個到湖南旅遊的洋人在街上買東西，一些當地小孩子因極少見到金髮碧眼的外國人，所以跟前跟後地指指點點。這個洋人感到很惱火，於是就用手中的拐杖揮趕這些小孩。

豈料，有一個孩子躲閃不及，不幸被擊中太陽穴，瞬間慘死街頭。小孩子的父母親當然不肯放過這個闖下大禍的外國人，糾集路人一齊圍上來，扭住那個外國人不放。外國人只得又舉起拐杖亂打，連周圍看熱鬧的人也被打倒了好幾個。

事情越鬧越激烈，衆人於是齊心協力，將這個外國人用繩子捆綁起來，扭送到道台衙門。當時的中國，曾經因爲類似的涉外事件而惹起許多麻煩，所以官府在處理這類案件時格外棘手。

審理此案的正是單舟泉。他認爲湖南見過世面的有錢人很多，而且民風較爲慓悍，如果自己辦案辦得不妥，民衆必定會群起抗議，甚至會引起民變。

因此，他必須先把官司的複雜性和辦案的難處告訴他們，並請他們出面協助官方處理。如此一來，當地的士紳們會認爲自己是站在民衆這邊，會群起擁護。

但是，如果要秉公處理，外國領事又難於對付，因爲依照當時不平等條約的慣例，外國人在中國享有治外法權和獨立審判權，不受中國本土法律的約束。如果以中國法律將這位洋人論處，就當時的情況來看，毫無疑問會爆發嚴重的禍端。

所以，單舟泉認爲有必要讓當地士紳、老百姓發洩公憤，到外國領事抗爭，形成僵持局面，到時候再由官府出面維護秩序，解決對峙僵局。因爲官怕洋人，而洋人又怕老百姓，老百姓又怕官。到那時，老百姓知道官府是爲他們做主，自然易於同官府溝通。

如此這般想好之後，單舟泉即去拜會了幾個有影響力的士紳，對他們說：「外國人打死中國人，如果輕易放過，老百姓不會答應，我也於心不忍。現在唯一能解決問題的辦法是大家齊心合力，與外國領事力爭，討還公道。」

此話傳出之後，老百姓都稱讚單舟泉是一個愛國愛民的好官，並認爲大家應該協力幫他才是，不應該與他爲難。

隨後，單舟泉又到領事處，對外國領事說：「我們這個地方，百姓蠻橫，難於馴服，這樁官司又觸犯衆怒，民衆都想要將兇手親手打死。我得知此情焦急萬分，生怕有三長兩短，所以急忙派兵加以保護，才沒惹出禍亂。否則的話，兇手早就被活活打死了。」

單舟泉又說道：「在貴領事處外聚集了許多要鬧事的百姓，等候處理結果。我費了好大周折才把他們勸住。但是，此案如果判輕了，民怨必定會更加沸騰。」

外國領事聽他這麼一說，又見外面的確聚圍了不少群衆，果眞害怕起來。最後，單舟泉便順利地處理了這樁棘手的官司，而且兩面討好，兩面都稱讚他有能力、會辦事，同時也受到督撫大人的好評。

戴爾．卡內基曾說：「如果你想要別人接受他們不想接受的要求，只需將這些要求包裝在他們喜歡聽的話語之中。」

因爲，只要是人都喜歡聽悅耳順心的話，但卻從不會去思索和判斷這些順心悅耳的話語之中，到底藏著什麼玄機。

當然，這個故事的寓意，並不是要求我們把自己變得首鼠兩端、圓滑世故的小人，而是強調越事遭遇棘手的事情，處理時越要講求策略、講求方法，儘量調停各方面的緊張對峙關係，力求各方面都對處理的結果都感到滿意。

如此一來，衆人才會覺得你辦事秉公處理，不懷絲毫私心，從而減少一些沒必要的怨氣，讓自己的晉升之路暢通無阻。

別用情緒解決問題

剛強是一門功夫，柔弱更是一種道行。世事豈能盡如人意？解決難題運用的是智慧，而不是情緒。

武俠小說中，最強的武功招數往往爲「以柔克剛」，這個招數其實也是做人處事最高的準則。剛強只會造成兩敗俱傷，不如放下身段，找出問題的癥結，一舉斬草除根，從此天下太平。

一家燃料工廠的工會發動了台灣史上最激烈的罷工。

由於經濟不景氣，工廠利潤降低，連帶的把工人的薪資縮減，工人不滿待遇降低，於是罷工抗議。

起初，廠長不以爲意，置之不理，沒想到事情卻沒有因此而平息，工人們有備而來，引發了激烈的情緒反彈，不只找上媒體，還大肆破壞工廠裡的設備，事情越演越烈，甚至還出動大批警力鎮壓，不少工人還因爲激烈的衝突而受傷。

廠長十分同情這些工人的處境，他明白工人們也是爲生活所迫，逼不得已才出此下策，因此並沒有追究他們無理的行爲，反而花了幾個禮拜的時間，親自拜訪每一位員工的家庭。

廠長了解每個人的經濟狀況，並傾聽員工的心聲之後，找來了幾位資深的工頭，和他們一起討論工廠未來的營運方向，希望可以創造勞資雙方的共同利益。

廠長以寬容同情的心理，成功的化敵爲友，瓦解了工人對僱主的誤解與不滿，他沒有指責工人們的行爲，也不據理力爭和工人爭執不休，他選擇了最和平的方式，徹底贏回了工人的心。

智者一切求諸己，愚者一切求諸人，念頭寬厚的，如春風煦育，萬物遭之而生；念頭忌刻的，如朔雪陰凝，萬物遭之而死。

越是寬容的人，越懂得如何和別人溝通，也越能在不利於自己的環境中，創造出另一條勝利的道路。

很多時候，只要稍微退一步，你就可以很清楚人際間的糾葛該如何化解。如果廠長不願意替工人著想，而與他們硬碰硬，那麼雙方爭執到底，可能會令工廠損失一批優秀的工人，而事情依舊沒有解決。

剛強是一門功夫，柔弱更是一種收攬人心的道行，孰輕孰重，如何運用得宜是很難的一項修為。

世事豈能盡如人意？解決難題運用的是智慧，而不是情緒。

曾國藩利用親情成為「中興名臣」

為什麼聲勢浩大的太平天國，不敗於滿清將領之手，反而敗給一個文弱書生曾國藩呢？原因就在於，曾國藩善於運用「親情」的力量。

在封建社會裡，許多官員都知道如何籠絡民眾，利用民心，鼓舞士氣幫助自己完成一番大事業。

漢民族是一個典型的「倫理本位」民族，特別注重種族血統和血緣關係，所謂的「牢莫過於夫妻盟，勇莫過於父子兵」，這句古話頗能說明這種傾向。一旦家庭、宗族和地域的關係與政治聯姻，就會出現一些讓西方人難以置信的奇蹟。

近年來，在中國大陸的「通俗文化」領域，出現了一股「曾國藩熱潮」，各式各樣研究清朝中興名臣曾國藩的書籍可說琳瑯滿目。

曾國藩何以能成爲清廷倚賴的「中興名臣」，建立輝煌的功業，並且被梁啓超等人視爲歷史上「不一二睹之下人物」呢？

如果我們仔細研究就會發現，曾國藩其實是一位善於利用家庭關係、宗族關係、朋友關係、師生關係的領導統御高手，這正是他成功的最重要原因之一。

曾國藩崛起的時候，正是太平天國革命運動如火如荼的時期。

一八五一年，洪秀全組織的「拜上帝會」在兩廣一帶建立了了震驚全國的太平天國。太平軍聲勢浩大，所向披靡，從廣東揮軍直搗北方，先攻下湖南，又攻佔湖北，奪下江西，進逼江蘇、浙江一帶，幾乎控制了淮河以南的大半個中國。

對於太平天國作亂，清朝政府非常驚慌惶恐，就連同治皇帝也哀歎道：「朕位幾有不保之勢」。

與太平軍交戰的八旗軍、兵勇、地方團練屢戰屢敗，一路挨打，毫無還手之功。

曾國藩當時不過一介儒生，善觀天道人事，認爲天下大亂，自己大展鴻圖的時機已到。他並不急於領兵作戰，而是獨闢蹊徑地回到他的老家湖南，募集鄉勇，從興辦團練開始，目的在於練就一支絕對聽命於他的湘軍。

團練的主要成員就是他的宗親、同鄉好友、同學，他的過人之處就在於他透過血緣關係、親族關係和地域關係，利用親情的力量，將發展壯大的湘軍牢牢地捆綁在一起，令外人難以拆解。

事實證明，曾國藩編練的這支軍隊極富戰鬥力，很快就成爲太平天國頭疼不已的死敵。後來，曾國藩依靠湘軍，取得了兩江總督和軍機大臣的權位，成爲一人之下、萬人之上的重臣，甚至具有問鼎清廷的實力。

最後，他坐鎮安慶，攻下太平軍的江南大營和江北大營，轟開太平天國的首都所在地——南京，撲滅了這場轟轟烈烈的大革命。

前新加坡總理李光耀曾經說過一番膾炙人口的話，相當受用於想要成爲優秀領導者的人，他是這麼說的：「如果我們不敢挺身追求並捍衛我們自己的利益，我們就會是失敗的。」

沒有強烈的進取心，完全被周遭的人事物驅動的人生，毫無疑問的，將會是庸庸碌碌的人生。

太平天國革命波及中國十八省，歷時十四年，幾乎控制了大半個中國。滿清數百萬軍隊在太平軍面前兵敗如山倒，被打得潰不成軍。

可是，爲什麼聲勢浩大的太平天國最後不敗於滿清將領之手，反而敗給一個出生湖南農村的文弱書生曾國藩呢？

原因就在於，曾國藩善於運用「親情」的力量。

對付小人要懂得「裝腔作勢」

「絕活」有助於樹立自己的威信。從理論上來看，一個人身懷絕技，又懂得適時運用的人，才是最聰明睿智的。

老王在某家上市公司擔任副總經理職務。

有一次，他對朋友大發牢騷說，替他開車的司機小李，常常藉口說車子這裡有毛病、那裡有毛病，經常找各種理由把車開去修理保養，每回保養都拿著一疊帳單要他簽字報銷。

他明知道其中有蹊蹺，可又苦於不懂機械，抓不住把柄；而且又不能將他解僱，因爲小李是他上司的小舅子。

這位朋友就告訴老王說，這種事其實很好解決，只要略施小計就可以一勞永逸。

於是，老王就照著朋友告訴他的主意去做。

第二天，他悄悄地將一塊小石頭塞進汽車發動機的縫隙中。小李將車發動開出不久，老王隨即皺了皺眉頭說：「小李，你停車下去檢查看看，發動機的聲音好像有點不太正常。」

小李仔細一聽，車子行進間確實有細微的異聲，於是下車查看。小李費了一番工夫才發現發動機裡有一塊小石頭，連忙對老王說：「唉呀，原來是一塊小石子夾在發動機的縫裡，我眞不小心。」

老王輕描淡寫地說：「以後小心點就是了。」

後來，老王對這位朋友說，這一招眞是靈驗，小李以爲他對車子的零件和運動原理瞭如指掌，甚至連自己察覺不了的細微毛病都知道，從此以後，他再也沒聽小李說要修車了。

想要在現代社會遊刃有餘，通常得具備一兩招足以鎮住別人的「絕活」，讓對方不敢暗地裡使壞。

當然，這個例子可能不太貼切，因爲故事中的老王只是「裝腔作勢」，其實他根本不懂機械。

不過，這個故事告訴我們——略施小計就能發揮如此功效，那麼，擁有一手絕活，豈不就更能確立你的權威！

因此，你必須記住，「絕活」有助於樹立自己的威信。從理論上來看，一個人身懷絕技，又懂得適時運用的人，才是最聰明睿智的，縱使這種絕活與你所從事的職業並不一定有所關連。

何必見了小人就退避三舍

不管你喜歡也好，不喜歡也好，小人就像揮之不去的蒼蠅一樣客觀地存在著，不會因為你的意志而消失。

人際關係學其實就是教你駕馭人性、操縱人心的高深學問，訓練你行走社會而一路暢通無阻的本領，傳授給你發奮生存的實用而簡捷的戰術法則。

有一位研究社會關係的心理學家曾經這樣說過：

——官運亨通的玄機在於善用關係。

——懷才不遇的根源在於藐視關係。

——小人得志的秘訣在於玩弄關係。

必須特別指出的是，有一些人對人際關係學存有太深的負面曲解和誤解，以爲

「搞關係」就是旁門左道，爲正人君子所不齒，所謂人際關係學，更是登不了大雅之堂的「狗肉宴」，無非是教些小人慣用的伎倆，不是什麼光明正大的學問。

其實，這種想法是嚴重錯誤的，所謂的「關係」，是指人與人之間的交往和聯繫，懂得處理好人際關係，尤其是和小人之間的關係，就等於擁有一本用智慧護一生的「人性護照」。

不管你喜歡也好，不喜歡也好，小人就像揮之不去的蒼蠅一樣客觀地存在著，不會因爲你的意志而消失。

如果我們否認或忽視這種客觀存在的社會現實，就變成了唯心主義者，和古代那個掩耳盜鈴的笨賊一樣。

當然，這種觀感也並非全無根據，或者是空穴來風。的確，現今社會上有一些人把關係學唸歪了，有的唸得面目全非，有的甚至走火入魔，變成不折不扣的小人。

他們不是在研究人際關係的客觀規律和基本內容，而是從中去尋找奸詐、卑劣的害人伎倆。然而，這只是因爲他們本身就心術不正，與研究客觀存在的人際關係學，並沒有什麼必然聯繫。

只有聰明的人才懂得交際的智慧，懂得如何與小人和平共處，甚至將他們轉換成自己邁向成功的助力。

不了解人際交往的正面意義，不分青紅皂白，「洗澡之後連盆裡的嬰兒都一同潑掉」，因爲吃果凍噎死過人就要求大家都不要再吃；因爲一朝被蛇咬，就十年怕井繩，從理論上來，這種行爲都是錯誤可笑，也十分愚蠢的。

不過，人有愚蠢的自由，有人硬是要當笨蛋，硬要假道學，一遇到小人就退避三舍，那也是莫可奈何的事。

如何讓別人為自己賣命

一個領導人必須先具備「為公」的寬廣胸懷，然後再發動溫情攻勢，經營好自己的「私人關係」。

法國哲學家盧梭在《愛彌爾》裡寫道：「對別人表示關心和善意，比任何禮物都有效，比任何禮物對別人還要有更大的利益。」

這番話運用在部屬與上司的關係之中，也相當適用。在感情方面進行投資，有時會創造意想不到的功效，作爲領導者，應該深諳其中的奧妙，適時地讓溫情效應發酵。

一九四九年，國共「三大戰役」結束後，取得半壁江山的中共解放軍，積極進行渡越長江的前置作業。

可想而知，一旦長江防線被解放軍突破，蔣介石政權滅亡就指日可待，因爲，首當其衝擊的，就在位於長江沿岸的首都南京。

當時，蔣介石的國民黨軍隊中，有一位上將奉命在長江南岸佈防，由於受失敗情緒的影響，士氣相當低迷，竟然和其他三位軍官一起在防禦工事的地堡裡打起麻將。當天夜裡，蔣介石恰巧巡視到該地。他悄悄地走到地堡裡，一語不發地看著這四位賭博的軍官。

過了一陣子，終於有人發現身後多了個人，抬頭一看，居然是蔣委員長，四個人嚇得面無血色，唇齒打顫，雙腿發抖，以爲這下子腦袋保不住了。

豈知，蔣介石當時並未發怒，也未加以斥責，而是慢慢地走到桌前，坐了下來，輕輕地說了聲：「繼續玩！」

蔣介石的牌技不錯，不一會兒就贏得了一大把鈔票，他將這把鈔票推到站在身邊，還在發抖的將軍面前說：「都拿去吧，補貼一下家用。」

幾位軍官見狀，感動得熱淚盈眶。這時，蔣介石站起身，很嚴肅地向這四名軍官行了個軍禮，懇切地說：「兄弟，一切拜託了！」

就在幾位軍官哽咽不已的時候，蔣介石又一言不發地走了。

後來，在中共百萬大軍渡過長江的時候，這幾位軍官奮不顧身地率領士兵浴血頑抗，寧願戰死也不降。長江防線被攻破後，那位將軍毅然決然地舉槍對準自己的腦袋，飲彈自盡了。

這位將軍生命的最後一刻，腦海裡閃過什麼景象，其實不需要心理學家加以分析。他必定憶起了蔣介石查勤的那個晚上的情景，想起了蔣介石的軍禮，以及那凝重得讓人窒息的一聲——「兄弟，拜託了！」

所謂「女爲悅己者容，士爲知己者死」，上面這個例子說明了，一代梟雄蔣介石善於籠絡、收買人心的一面，不愧是個擅長利用溫情攻勢的領導統御高手。

他加入國民黨之後，即對黨內各股勢力的恩怨情仇和利益糾葛詳加分析，並且妥善經營自己的人際關係，終於躍爲黨政軍最高領袖，幾乎所有當道的黨政要員和將領全是他的親信或嫡系。

雖然他的歷史評價毀譽參半，行事也有可議之處，不過在經營人際關係與領導統御的技巧方面，仍然有值得學習之處。

美國總統羅斯福在談論自己的領導藝術時曾經說：「一個最佳的領導者，是一位知人善用的人，而且要讓下屬甘心盡忠職守。」

就算能力再怎麼高強的領導者，也會有自己的侷限與不足，也常常會出現力有不逮或者是分身乏術的情況，這時候就要懂得妥善利用下屬，讓他們幫助自己完成那些棘手的事情。

必須注意的是，無論你是哪個層級的領導人，經營人際關係的立足點，應該是爲自己領導的部門創造績效，謀求最大利益，而不是居於私心拉黨結派。

一個領導人必須先具備「爲公」的寬廣胸懷，然後再發動溫情攻勢，經營好自己的「私人關係」。

做人要藏心

你必須知道的人性叢林生存法則

做事要留心

見機行事篇

德國哲學家康德曾說：

「舉凡愈卑鄙的人，愈會成爲演員，往往佯裝對他人尊敬、友善、謙虛與無私的樣子。」

在險惡的人性戰場上，我們的身邊充斥著坑人害人的小人，並非所有的眞話都可以毫無保留地說出，並非所有的計劃都可以讓對方知道。

如果你不懂得隱藏自己的心思，留心自己正在推動之事，那麼永遠都只會是人性戰場中的輸家，被小人玩弄於股掌之中。

我們所遭遇的人，可能誠實正直，但也可能陰險狡詐，就算摸清對方的性格與心理特質，也必須有所防範，才不會衍生料想不到的風險。

Thick Black Theory is a philosophical treatise written by Li Zongwu, a disgruntled politician and scholar born at the end of Qing dynasty. It was published in China in 1911, the year of the Xinhai revolution, when the Qing dynasty was overthrown.

a disgruntled politician and scholar born at the end of Qing dynasty.
It was published in China in 1911, the year of the Xinhai revolution,
when the Qing dynasty was overthrown.

王渡 編著

戰勝人性的弱點 全

洞悉人性，
就是致勝的捷徑

公孫龍策 編著

馬基維利在《君王論》中說：「為了察覺圈套，你必須變成狐狸；為了嚇跑豺狼，你必須變成獅子。」
這是一個奸人當道、小醜橫行的時代，唯有以牙還牙、以戰止戰，才是強者的成功法則。
你必須像狐狸一樣提防周遭的陷阱；當別人露出豺狼的猙獰面貌時，更必須像獅子一樣兇猛，
而且加倍奉還，千萬不要淪為任人宰割的「代罪羔羊」……

做人要有心機，做事要有心計：待人處事篇

作　　者　公孫先生
社　　長　陳維都
藝術總監　黃聖文
編輯總監　王　凌
出 版 者　普天出版家族有限公司
新北市汐止區忠二街 6 巷 15 號
TEL / (02) 26435033 (代表號)
FAX / (02) 26486465
E-mail：asia.books@msa.hinet.net
http://www.popu.com.tw/
郵政劃撥 19091443 陳維都帳戶
總 經 銷　旭昇圖書有限公司
新北市中和區中山路二段 352 號 2F
TEL / (02) 22451480 (代表號)
FAX / (02) 22451479
E-mail：s1686688@ms31.hinet.net
法律顧問　西華律師事務所・黃憲男律師
電腦排版　巨新電腦排版有限公司
印製裝訂　久裕印刷事業有限公司
出 版 日　2020 (民 109) 年 9 月第 1 版
ISBN◉978-986-389-738-5　　條碼 9789863897385

國家圖書館出版品預行編目資料

做人要有心機，做事要有心計：待人處事篇／
公孫先生著.—第 1 版.—：新北市,普天出版
民 109.09 面； 公分. - (智謀經典；33)
ISBN◉978-986-389-738-5 (平裝)

智謀經典
33